Los cuentos vagabundos
y otros de España

Dans la même collection

Lire en anglais

Thirteen Modern English and American Short Stories
Seven American Short Stories
Nine English Short Stories
A Long Spoon
Simple Arithmetic and Other American Short Stories
Roald Dahl : **Someone Like You**
Roald Dahl : **The Hitch-Hiker**
Somerset Maugham : **The Escape**
Somerset Maugham : **The Flip of a Coin**
F. Scott Fitzgerald : **Pat Hobby and Orson Welles**
Ray Bradbury : **Kaleidoscope**
Saki : **The Seven Cream Jugs**
John Steinbeck : **The Snake**
William Faulkner : **Stories of New Orleans**
Ernest Hemingway : **The Killers**
Truman Capote : **Breakfast at Tiffany's**
Patricia Highsmith : **Please Don't Shoot the Trees** (*à paraître*)

Lire en allemand

Moderne Erzählungen
Deutsche Kurzgeschichten
Zwanzig Kurzgeschichten des 20. Jahrhunderts
Geschichten von heute
Heinrich Böll : **Der Lacher**

Lire en espagnol

Cuentos del mundo hispánico
Cuentos selectos
Cuentos fantásticos de América
Cuentos de América. Destinos
Jorge Luis Borges : **La Intrusa y otros cuentos**

Lire en italien

L'Avventura ed altre storie
Novelle italiane del nostro secolo (*à paraître*)
Italo Svevo : **La novella del buon vecchio e della bella
             fanciulla**

Lire en portugais

Contos contemporâneos (Portugal/Brasil)

Lire en français

Nouvelles françaises contemporaines

LIRE EN ESPAGNOL
Collection dirigée par Henri Yvinec

Los cuentos vagabundos
y otros de España

A.M. Matute ● C.J. Cela ● J.C. Hortelano ● F.G. Pavón
● J.F. Santos ● C.M. Gaite ● J. Benet ● A. Pombo

Choix et annotations par Marie-Christine Baró-Vanelly
Professeur agrégé en classes préparatoires
au lycée de Saint-Cyr

Le Livre de Poche

Signos y abreviaduras

≠ contrario de..., diferente...
< viene de...
> da...
☑ ¡ojo!
ger. : gerundio
c.d.t. : concordancia de los tiempos
dat. int. : dativo de interés
cond. : condicional
suj. : sujeto
def. : defensa
mit. : mitología

La collection "Les Langues Modernes" n'a pas de lien avec l'A.P.L.V. et les ouvrages qu'elle publie le sont sous sa seule responsabilité.

© *Los cuentos vagabundos* (El Tiempo) : Ana Maria Matute, 1963.
Mutis (Mucho Cuento) : Juan García Hortelano.
Un paseíto higiénico — Memorias del Cabrito Smith (Obra completa) : Camilo Jose Cela, 1973.
Muy lejos de Madrid (Cuentos completos) : Jesús Fernández Santos, 1965.
Ultimas noches (Cuentos II) : Francisco García Pavón.
Un relato corto e incompleto (Relatos sobre la falta de la sustancia) : Editorial Anagrama.
Obiter dictum — Syllabus (Cuentos completos) : Juan Benet.
Retirada (Cuentos completos) : Carmen Martín Gaite.

Sommaire

Tout naturellement, après quelques années d'étude d'une langue étrangère, naît l'envie de découvrir sa littérature. Mais, par ailleurs, le vocabulaire dont on dispose est souvent insuffisant. La perspective de recherches lexicales multipliées chez le lecteur isolé, la présentation fastidieuse du vocabulaire, pour le professeur, sont autant d'obstacles redoutables. C'est pour tenter de les aplanir que nous proposons cette nouvelle collection.

Celle-ci constitue une étape vers la lecture autonome, sans dictionnaire ni traduction, grâce à des notes facilement repérables. S'agissant des élèves de lycée, les ouvrages de cette collection seront un précieux instrument pédagogique pour les enseignants en langues étrangères puisque les recommandations pédagogiques officielles (Bulletin officiel de l'Éducation nationale du 9 juillet 1987 et du 9 juin 1988) les invitent à "faire de l'entraînement à la lecture individuelle une activité régulière" qui pourra aller jusqu'à une heure hebdomadaire. Ces recueils de textes devraient ainsi servir de complément à l'étude de la civilisation.

Le lecteur trouvera donc :
En page de gauche
Des textes contemporains choisis pour leur intérêt littéraire et la qualité de leur langue.

En page de droite

Des notes juxtalinéaires rédigées dans la langue du texte, qui aident le lecteur à

Comprendre

Tous les mots et expressions difficiles contenus dans la ligne de gauche sont reproduits en caractères gras et expliqués dans le contexte.

Observer

Des notes d'observation de la langue soulignent le caractère idiomatique de certaines tournures ou constructions.

Apprendre

Dans un but d'enrichissement lexical, certaines notes proposent enfin des synonymes, des antonymes, des expressions faisant appel aux mots qui figurent dans le texte.

Grammaire au fil des nouvelles

Chaque nouvelle est suivie de phrases de thème inspirées du texte avec références à celui-ci pour le corrigé. En les traduisant, le lecteur, mis sur la voie par des italiques et/ou des amorces d'explication, révise les structures rebelles les plus courantes ; cette petite "grammaire en contexte" est fondée sur la fréquence des erreurs.

Vocabulaire

En fin de volume une liste de 1 300 mots environ contenus dans les nouvelles, suivis de leur traduction, comporte, entre autres, les mots qui n'ont pas été annotés faute de place ou parce que leur sens était évident dans le contexte. Grâce à ce lexique on pourra, en dernier recours, procéder à quelques vérifications ou faire un bilan des mots retenus au cours des lectures.

Ana María Matute

LOS CUENTOS VAGABUNDOS

A. María Matute nació en Barcelona en 1926. De precoz vocación literaria, su talento narrativo fue conocido por primera vez al publicar varios cuentos en el semanario Destino y confirmado más tarde por una brillante clasificación en el Premio Eugenio Nadal 1947, con su novela *Los Abel*. En 1959 la obtención de este premio con su obra *Primera Memoria* le supuso la consagración definitiva.

Posteriormente ha publicado, entre otras : *Los soldados lloran de noche, La trampa, Pequeño teatro...*

La temática de sus cuentos gira en torno al mundo de la infancia y de la adolescencia : emociones, fantasía, sufrimientos han quedado fielmente reflejados en sus obras, prodigio de sensibilidad e intuición, que demuestra un pleno dominio de los recursos estilísticos.

Pocas cosas existen tan cargadas de magia como las palabras de un cuento. Ese cuento breve, lleno de sugerencias, dueño de un extraño poder que arrebata y pone alas hacia mundos donde no existen ni el suelo ni el cielo. Los cuentos representan uno de los aspectos más inolvidables e intensos de la primera infancia. Todos los niños del mundo han escuchado cuentos. Ese cuento que no debe escribirse y lleva de voz en voz paisajes y figuras, movidos más por la imaginación del oyente que por la
10 palabra del narrador.

He llegado a creer que solamente existen media docena de cuentos. Pero los cuentos son viajeros impenitentes. Las alas de los cuentos van más allá y más rápido de lo que lógicamente pueda creerse. Son los pueblos, las aldeas, los que reciben a los cuentos. Por la noche, suavemente, y en invierno. Son como el viento que se filtra, gimiendo, por las rendijas de las puertas. Que se cuela, hasta los huesos, con un estremecimiento sutil y hondo. Hay, incluso, ciertos cuentos que casi obligan a abrigarse más, a arrebujarse
20 junto al fuego, con las manos escondidas y los ojos cerrados.

Los pueblos, digo, los reciben de noche. Desde hace miles de años que llegan a través de las montañas, y duermen en las casas, en los rincones del granero, en el fuego. De paso, como peregrinos. Por eso son los viejos, desvelados y nostálgicos, quienes los cuentan.

Los cuentos son renegados, vagabundos, con algo de la inconsciencia y crueldad infantil, con algo de su misterio. Hacen llorar o reír, se olvidan de donde nacieron, se
30 adaptan a los trajes y a las costumbres de allí donde los reciben. Sí, realmente, no hay más de media docena de

cargadas : llenas ☐ **tan...como** ≠ tan...que

palabras (f.): vocablos, términos ☐ **cuento :** relato, narración ☐

breve (m.f.): corto, sucinto ☐ **sugerencias :** insinuaciones ☐ **dueño :**

propietario ☐ **arrebata :** entusiasma ☐ **pone alas :** hace volar ☐

hacia (prep.): con dirección a ☐ **suelo :** tierra (aquí) ☑ **los aspectos**

<u>**más** inolvidables</u> : superlativo ☑ <u>**e** intensos</u>

debe : tiene que ☐ **llevar :** transportar, trasladar ☐ **voz :** palabra

oyente : el que escucha, oye

llegado a creer : terminado por + inf. ☐ **docena** < doce

impenitentes : porfiados, obstinados, tercos

más allá : más lejos

pueda creerse : se pueda creer, podamos creer ☐ **aldea :** pueblo

pequeño ☐ **reciben a los cuentos :** a personifica c.o.d. ☐ <u>**por la**</u>

<u>noche</u> **:** de noche ☐ **invierno :** la estación más fría del año ☐

gimiendo < gemir, ger. ☐ **rendijas :** aberturas largas y estrechas ☐

que se cuela : el viento que pasa ☐ **huesos :** forman el esqueleto ☐

estremecimiento : temblor ☐ **sutil :** tenue, ligero ☐ **hondo :** profundo

☐ **incluso :** hasta ☐ **abrigar(se) :** cubrir, arropar ☐ **arrebujar(se) :**

envolverse, taparse ☐ **junto a :** cerca de ☐ **escondidas :** ocultas,

tapadas ☐ **cerrados** ≠ abiertos ☐ **los reciben :** los = cuentos ☐

Desde hace...años que llegan : llevan años llegando ☐ **a través de :**

cruzando, atravesando ☐ **rincones :** ángulos ☐ **granero :** donde se

recoge el grano ☐ **de paso :** estar de... ; pasar ☐ **peregrino :** el que

anda por tierras extrañas ☐ **desvelados :** que no pueden dormir ☑

son los...quienes cuentan : *c'est...qui* ☐ **renegados :** personas

maldicientes ☐ **algo de :** un poco de ☐ **crueldad :** ferocidad, dureza

☐ **infantil :** de los niños ☐ **llorar : a lágrima viva :** *à chaudes larmes*

≠ reír ☐ **olvidar(se de) :** no recordar ☐ **nacieron** < nacer ☐ **trajes :**

vestidos ☐ **costumbres :** usos, prácticas

cuentos. Pero ¡cuántos hijos van dejándose por el camino!

Mi abuela me contaba, cuando yo era pequeña, la historia de la *Niña de Nieve*. Esta niña de nieve, en sus labios, quedaba irremisiblemente emplazada en aquel paisaje de nuestras montañas, en una alta sierra de la vieja Castilla. Los campesinos del cuento eran para mí una pareja de labradores de tez oscura y áspera, de lacónicas palabras y mirada perdida, como yo los había visto en nuestra tierra.
10 Un día el campesino de este cuento vio nevar. Yo veía entonces, con sus ojos, un invierno serrano, con esqueletos negros de árboles cubiertos de humedad, con centelleo de estrellas. Veía largos caminos, montaña arriba, y aquel cielo gris, con sus largas nubes, que tenían un relieve de piedras. El hombre del cuento, que vio nevar, estaba muy triste porque no tenía hijos. Salió a la nieve, y, con ella, hizo una niña. Su mujer le miraba desde la ventana. Mi abuela explicaba : « No le salieron muy bien los pies. Entró en la casa y su mujer le trajo una sartén. Así, los moldearon lo
20 mejor que pudieron. » La imagen no puede ser más confusa. Sin embargo, para mí, en aquel tiempo, nada había más natural. Yo veía perfectamente a la mujer, que traía una sartén, negra como el hollín. Sobre ella, la nieve de la niña resaltaba blanca, viva. Y yo seguía viendo, claramente, cómo el hombre moldeaba los pequeños pies. « La niña empezó entonces a hablar », continuaba mi abuela. Aquí se obraba el milagro del cuento. Su magia inundaba el corazón con una lluvia dulce, punzante. Y empezaba a temblar un mundo nuevo e inquieto. Era también tan natural que la
30 niña de nieve empezase a hablar... En labios de mi abuela, dentro del cuento y del paisaje, no podía ser de otro modo. Mi abuela decía, luego, que la niña de nieve creció hasta los

¡cuántos hijos! : exclamación □ **van dejándose** : ir + ger. : poco a poco □ **por** : tránsito por un lugar

abuela : madre del padre o de la madre ; los abuelos □ **pequeña** : niña □ **nieve** : en invierno al caer los copos de nieve los montes se vuelven blancos □ **sus labios** : según la abuela □ **emplazada** : situada □ **aquel** : démonst. laudatorio □ **sierra** : cordillera de poca extensión □ **Castilla** : región del centro de España □ **campesino** : labrador, aldeano □ **pareja** : marido y mujer □ **de tez** : de piel, de cutis □ **mirada perdida** : mirando sin saber adónde

entonces : en aquel momento □ **sus ojos** : los del campesino □ **serrano** : de la sierra □ **cubiertos** < cubrir □ **centelleo** : brillo, resplandor □ **estrella** : cuerpo que brilla en la bóveda celeste □ **montaña arriba** : hacia lo alto □ **largas** : extensas ≠ cortas ; no confundir con anchas : amplias, vastas ≠ estrechas □ **estaba triste** : estar ya que circunstancia específica □ **hizo** < hacer : fabricó, creó

no le salieron...los pies : no le resultaron los... ; no consiguió muy bien hacer los pies □ **trajo** < traer : traje, trajiste... ; llevar, dar □ **sartén** : se usa para freír huevos □ **moldear** : dar una forma □ **confusa** : dudosa, oscura □ **sin embargo** : no obstante □ **nada había más natural** : no había nada más natural

hollín : substancia grasa y negra depositada por el humo

resaltaba : sobresalía □ **seguía viendo** : seguir + ger. = continuar + ger.

se obraba : tenía lugar, sucedía, acontecía

milagro : prodigio, maravilla □ **corazón** : alma

lluvia dulce y punzante : mezcla de dulzura y de dolor □ **temblar** : tiemblo, tiemblas... ; estremecerse ⊠ **e inquieto** : cf. l. 6 p. 11

empezaba a : comenzaba a □ **era natural que empezaze** : ser natural que + subj. (c.d.t.) □ **dentro del** : en el □ **de otro modo** : de otra manera □ **luego** : después

siete años. Pero llegó la noche de San Juan. En el cuento, la noche de San Juan tiene un olor, una temperatura y una luz que no existen en la realidad. La noche de San Juan es una noche exclusivamente para los cuentos. En el que ahora me ocupa también hubo hogueras, como es de rigor. Y mi abuela me decía : « Todos los niños saltaban por encima del fuego, pero la niña de nieve tenía miedo. Al fin, tanto se burlaron de ella, que se decidió. Y entonces, ¿ sabes qué es lo que le pasó a la niña de nieve ? » Sí, yo lo imaginaba bien.
10 La veía volverse blanda, hasta derretirse. Desaparecía para siempre. « ¿ Y no apagaba el fuego ? », preguntaba yo, con un vago deseo. ¡ Ah !, pero eso mi abuela no lo sabía. Sólo sabía que los viejos campesinos lloraron mucho la pérdida de su niña.

No hace mucho tiempo me enteré de que el cuento de la *Niña de Nieve*, que mi abuela recogiera de labios de la suya, era en realidad una antigua leyenda ucraniana. Pero ¡ qué diferente, en labios de mi abuela, a como la leí ! La niña de nieve atravesó montañas y ríos, calzó altas botas de fieltro,
20 zuecos, fue descalza o con abarcas, vistió falda roja o blanca, fue rubia o de cabello negro, se adornó con monedas de oro o botones de cobre, y llegó a mí, siendo niña, con justillo negro y rodetes de trenza arrollados a los lados de la cabeza. La niña de nieve se iría luego, digo yo, como esos pájaros que buscan eternamente, en los cuentos, los fabulosos países donde brilla siempre el sol. Y allí, en vez de fundirse y desaparecer, seguirá viva y helada, con otro vestido, otra lengua, convirtiéndose en agua todos los días sobre ese fuego que, bien sea en un bosque, bien en un
30 hogar cualquiera, está encendiéndose todos los días para ella. El cuento de la niña de nieve, como el cuento del hermano bueno y el hermano malo, como el del avaro y el

hasta <u>los</u> **siete años** □ **llegó**: llegué, llegaste... < llegar

la noche de San Juan: el 24 de junio □ **olor**: palabras en or, masc., except: sor, flor, coliflor, labor

exclusivamente: solamente □ **para**: denota fin o destino □ **en el que**: en el cuento... □ **hubo** < haber; se hicieron □ **hogueras**: fuegos □ **es de rigor**: es costumbre, se suele hacer □ **saltaban**: brincaban □ **por encima de** ≠ por abajo de □ **tenía miedo**: estaba asustada, aterrorizada □ **al fin**: por último □ **(se) burlaron** <u>de</u>: rieron, mofaron □ **tanto se...que...**: de tanto que se burlaron □ **pasó**: ocurrió, aconteció □ **volverse blanda**: hacerse blanda < blando ≠ duro □ **derretirse**: con el calor la nieve se derrite □ **siempre** ≠ nunca □ **apagaba**: sofocaba ≠ encender □ **deseo**: anhelo, ansia □ **eso**: lo revelado por el narrador □ **pérdida**: desaparición, ausencia definitiva □ **niña**: hija

me enteré de: supe

recogiera: había recogido, cogido □ **la suya**: de su abuela

antigua: vieja, remota (anciano; únicamente para persona)

a como la leí: diferente...de la que leí

calzó: se cubrió pies y piernas □ **fieltro**: *feutre*

zuecos: zapatos de madera usados por campesinos □ **abarcas**: sandalias □ **vistió** < vestir; llevar □ **fue descalza**: anduvo sin zapatos □ **falda**: ropa femenina que cae desde la cintura abajo ☑ **fue rubia**: tuvo el pelo rubio □ **adornó**: engalanó □ **monedas**: piezas □ **cobre**: metal rojo brillante □ **siendo niña**: cuando era... □ **justillo**: camiseta □ **rodetes...cabeza**: el pelo trenzado y recogido de cada lado □ **se iría**: se marcharía □ **pájaros**: aves (las) □ **buscan eternamente**: se pasan la vida buscando □ **fabuloso**: legendario □ **brilla**: luce □ **allí**: en aquellos países □ **en vez**: en lugar □ **fundir (se)**: derretir □ **seguirá viva**: permanecerá □ **otra lengua**: otro idioma □ **convirtiéndose en agua**: volviéndose... □ **bien sea...bien**: sea...sea □ **un hogar cualquiera**: algún... □ **está encendiéndose**: estar + ger. □ **el del avaro**: el cuento del...

15

del tercer hijo tonto, como el de la madrastra y el hada buena, viajará todos los días y a través de todas las tierras. Allí, a la aldea donde no se conocía el tren, llegó el cuento, caminando. El cuento es astuto. Se filtra en el vino, en las lenguas de las viejas, en las historias de los santos. Se vuelve melodía torpe, en la garganta de un caminante que bebe en la taberna y toca la bandurria. Se esconde en las calumnias, en los cruces de los caminos, en los cementerios, en la oscuridad de los pajares. El cuento se va, pero deja sus huellas. Y aun las arrastra por el camino, como van ladrando los perros tras los carros, carretera adelante. El cuento llega y se marcha por la noche, llevándose debajo de las alas la rara zozobra de los niños. A escondidas, pegándose al frío y a las cunetas, va huyendo. A veces pícaro, o inocente, o cruel. O alegre, o triste. Siempre, robando una nostalgia, con su viejo corazón de vagabundo.

tonto: necio □ **madrastra**: suele portarse mal con los hijos □ **el hada**: las hadas

allí: lugar donde vivía la narradora □ **se conocía el tren**: conocíamos, conocían (traduc. de *on*) □ **llegó caminando**: vino caminando □ **astuto**: sutil □ **santos**: personas de especial virtud y ejemplo □ **se vuelve**: se torna □ **torpe**: pesada □ **garganta**: voz □ **caminante**: viajero □ **taberna**: venta □ **bandurria**: *mandoline* □ **esconde**: disimula □ **calumnia**: difamación □ **cruce**: encrucijada □ **cementerio**: camposanto □ **deja**: abandona □ **huellas**: señales ; seguir las huellas de uno: imitarle □ **aun**: hasta □ **arrastra**: lleva por el suelo □ **van ladrando**: ir + ger. = andar + ger. □ **carretera adelante**: más allá (cf.: montaña arriba) □ **llevándose**: cogiendo consigo □ **debajo de**: bajo □ **rara**: extraña □ **zozobra**: angustia □ **a escondidas**: escondiéndose □ **pegándo(se)** < pegar: unir □ **cuneta**: *fossé* □ **va huyendo** < huir: escapar □ **a veces**: algunas veces □ **pícaro**: villano □ **alegre**: gozoso □ **robando**: quitando □ **vagabundo**: vagamundo

Grammaire au fil des nouvelles

Traduisez les phrases suivantes inspirées du texte (le premier chiffre renvoie aux pages, les suivants aux lignes) :

Il existe *peu de choses* aussi pleines de magie *que* les mots d'un conte. (*poco ; tan...como*, 10 - 1).

Les contes représentent un des aspects *les plus* inoubliables *et les plus* intenses. (superlatif ; *y > e*, 10 - 5,6).

Ce conte qui ne *doit* pas s'écrire. (*deber : tener que* + inf., 10 - 8).

Les ailes du conte vont *au-delà* et *plus* vite qu'on ne pourrait le croire. (*de lo que* : complément d'un comparatif de sup. ou d'inf. le "ne" français ne se traduit pas, 10 - 13,14).

Ce sont les villages, les hameaux *qui* reçoivent les contes. (*es - quien, son- los que*, etc. ; c.o.d. de personne, 10 - 14,15).

Ce sont les vieux *qui* les racontent. (10 - 25,26).

Ils les reçoivent *la nuit*. (*de noche ≠ de día*, 10 - 22).

Le conte s'en va *la nuit*. (*por la noche ≠ por la mañana*, 16 - 13).

Cela fait des milliers *d'années* qu'ils arrivent en traversant les montagnes. (*desde hace*, 10 - 23).

Que d'enfants laisse-t-on peu à peu *sur* le chemin ! (*cuanto* + subst. ; trad. de "on" ; *ir* + gér. : développement progressif ou successif *por* : mouvement à travers un lieu, 12 - 1).

C'était pour moi un couple de paysans *au* teint mat et *au* regard vague. (*de* + subst., 12 - 8).

Il *n'*y avait *rien* de plus naturel. (attention à la double négation : *nada* + verbe... ; *no* + verbe +*nada*..., 12 - 21).

J'ai *appris* que le conte était une légende. (*enterarse de ≠ aprender*, 14 - 15).

Je la voyais se *ramolir*. Il *devient* une mélodie maladroite. (*volverse* + adj. ou subst., 14 - 10, 16 - 5).

Camilo José Cela

UN PASEÍTO HIGIÉNICO

Nacido en 1916 en Iria Flavia, La Coruña.

Uno de los mayores escritores aparecidos en la postguerra, académico de la lengua desde 1957, su obra extensa y muy variada comprende casi todos los géneros literarios : novela, cuentos, relatos de viaje, etc. En todos ellos queda patente su agudo sentido de la observación, su maestría en la creación de ambientes, la descripción de tipos humanos y la constante búsqueda de nuevos recursos estilísticos y lingüísticos. El tono dominante es el humor negro y la sátira, de los que se vale para caricaturizar y deformar la realidad.

En 1942, *La familia de Pascual Duarte* su primera novela constituye un acontecimiento notable por su contenido y su lenguaje de gran fuerza expresiva.

Otra obras : *Nuevas andazas y desventuras de Lazarillo de Tormes* (1944), *La Colmena* (vida cotidiana de las capas sociales más humildes de Madrid) (1951), *El Gallego y su cuadrilla* (1951), *Mazurca para dos Muertos* (1983). Una de sus obras más famosa es el "*Viaje a la Alcarria*" (1952) .

Ha sido Premio Nobel de Literatura en 1989.

A aquel hombre taciturno, pequeñito, paliducho, le había recomendado el médico los paseítos higiénicos.

—¿Por dónde? —había preguntado.

— Por donde quiera.

—¿Durante cuánto tiempo?

— Durante un tiempo prudencial.

—¿A qué hora?

— A una hora sana.

— Muy bien, muchas gracias.

10 Aquel hombre perfectamente fuera de dudas ya, inició sus paseítos higiénicos con una marcha sobre El Escorial. Llegó algo cansado, esa es la verdad, quizás porque cincuenta kilómetros son demasiados para quien no está todavía bien entrenado, pero llegó. Su conciencia estaba tranquila aunque sus piernas le temblaban un poco y su corazón le latía desaforadamente, descompasadamente.

Descansó ocho días en la cama, en una pequeña pensión del Escorial y emprendió el viaje de regreso: otro paseíto higiénico.

20 Ya en Madrid fué al café, contó su hazaña y vio, con extrañeza, que no se la creía nadie.

—¿Que te has ido al Escorial andando y vuelta a pie? ¡Vamos, anda!

Aquel hombre en otro tiempo taciturno y paliducho, seguía pequeñito, pero tenía ya un hermoso color tostado por el sol. Así, por lo menos, se le antojaba verse a él.

— Pues sí, señores. Al Escorial de un tirón, un descansito, y desde El Escorial de otro tirón. ¿No me creéis? ¡Peor para vosotros! ¡Ninguno de vosotros es 30 capaz de hacer lo que yo hice!

—¡Una barbaridad! ¡Eso es una marcha de infantería!

a...hombre...le había: expl. dat. int. □ **paliducho:** pálido + suf. despectivo □ **recomendado:** aconsejado

quiera < querer, subj.: idea de futuro

prudencial < prudencia: medida, moderación

sana: saludable, buena

fuera de: sin □ **ya:** entonces □ **inició:** empezó
marcha: paseo □ **El Escorial:** ciudad en la Sierra de Guadarrama
algo: un poco □ **cansado** ≠ descansado < descansar □ **esa:** esto
demasiados ≠ bastantes
todavía: aún
aunque: a pesar de que ☑ **le temblaban:** dat. de int.
latía: los latidos del corazón □ **desaforadamente, descompasadamente:** exageradamente □ **cama:** lecho
emprendió: retornó □ **regreso:** vuelta

ya: por fin □ **fue** < ir, fui, fuiste... □ **contó:** narró □ **hazaña:**
proeza □ **extrañeza:** sorpresa, asombro □ **no...nadie:** doble
negación □ **que:** (explet.) □ **ido:** marchado □ **andando:**
caminando, a pie □ **vamos, anda:** interj. de duda
otro tiempo: antes
seguía pequeñito: seguía siendo □ **ya:** ahora □ **hermoso:** bonito
□ **tostado:** quemado □ **por lo menos:** al menos □ **se le antojaba:**
le parecía □ **pues sí:** claro que sí □ **de un tirón:** sin pararse

peor: lástima □ **ninguno de...:** nadie entre...
es capaz de: puede □ **hice** < hiciste, hizo... < hacer
una barbaridad: una enormidad □ **marcha** < marchar, caminar

21

El hombrecito sonrió.

—¡ Ca, amigos míos ! Eso no es más que un paseíto higiénico.

Pasó algún tiempo y nuestro hombre, viendo que su prestigio estaba en entredicho, cogió la carretera de las Ventas y se acercó hasta Zaragoza. Al cabo de dos meses, cuando regresó, se dirigió, paso a pasito al café y dijo como quien no quiere la cosa :

— Buenas tardes ; he estado en Zaragoza.

10 —¿ También a pie ?

— Sí, también a pie.

La carcajada de sus contertulios fue una carcajada de las que marcan toda una era. Cuando el hombre se marchó, cariacontecido y lleno de pesar, los amigos deliberaron, acordaron que estaba loco de remate, loco de atar, y decidieron hacer una visita a su mujer, para prevenirla.

Cuando llegaron a su casa, la mujer, con un dedo en los labios les indicó silencio, les ordenó que no alborotasen.

—¡ Chist ! Mi marido duerme, el pobre vino un poco
20 cansado de su excursión a Zaragoza.

—¡ Pero !

—¡ Sí ! Y me alegro que vengan ustedes para convencerse. Mi marido está muy pesaroso y no hace más que decir : no me creen, ¡ pobres desdichados ! ¡ A ver qué dicen ahora, cuando me vaya dando un paseíto hasta Tierra Santa !

Los mismos prometieron a la mujer hacer todo lo posible para evitar el paseíto higiénico a Tierra Santa. Eso quedaba ya demasiado lejos.

Al día siguiente cuando nuestro hombre llegó al café, los
30 amigos le dijeron :

— Cuéntanos qué tal está Zaragoza.

sonrió < sonreír ; sonrisa
Ca : (coloquial), despecho □ **no es más que :** no es sino

Pasó algún tiempo : pasaron unos días □ **viendo :** dándose cuenta
de □ **en entredicho :** discutido □ **cogió :** tomó □ **carreterra :** camino
se acercó : llegó □ **Zaragoza :** capital de la provincia de Aragón
regresó : estuvo de vuelta □ **como quien...la cosa :** como si no le
importara
☒ **he estado en Zaragoza**

carcajada : risa espontánea y fuerte □ **contertulios :** amigos que
solían ir al café □ **marcan :** impresionan □ **era :** época □ **se marchó :**
se fue □ **cariacontecido :** confuso □ **pesar :** tristeza
acordaron : estuvieron de acuerdo □ **loco de remate :** loco de atar
decidieron hacer : decidir + inf. □ **prevenirla :** avisarla
a su casa : a casa de aquel hombre ☒ **en los labios**
indicó : ordenó □ **les ordenó que :** mandó que + subj. □
alborotasen : hicieran ruido (c.d.t. : subj. imp.) □ **¡ Chist ! :** interj.
de silencio □ **vino :** llegó □ **excursión :** paseo, marcha, caminata

me alegro : estoy contenta de que + subj.
pesaroso : triste ≠ alegre □ **no hace más que decir :** sólo dice
desdichados : desgraciados □ **A ver :** vamos a ver
cuando me vaya dando : cuando + subj. ; (idea del futuro) ; ir + gér.
(movimiento) □ **los mismos :** los amigos
Tierra Santa : Jerusalén □ **quedaba :** estaba
demasiado : excesivamente
☒ **al día siguiente** □ **llegó** < llegar : llegué, llegaste...

Cuéntanos : imper. > énclisis □ **qué tal :** cómo está

Y nuestro hombre respiró tranquilo, contó lo de Zaragoza y empezó a olvidarse de lo de Tierra Santa.

EDICIONES.

Voluntad (Gijón. 27 mayo 1947. Y otros diarios alrededor de la misma fecha). Y 2.ª, la presente.

tranquilo : tranquilamente □ **lo de :** lo que se refiere a
☑ **olvidar<u>se</u> <u>de</u> :** olvidar, no recordar

Grammaire au fil des nouvelles

Traduisez les phrases suivantes inspirées du texte (le premier chiffre renvoie aux pages, les suivants aux lignes) :

Le médecin avait recommandé les petites promenades *à cet homme*. (dat. int., 20 - 1,2).

Vous irez où vous *voudrez*. (futur dans une subord. → subj. présent, 20 - 4).

Il arriva *un peu* **fatigué.** (20 - 12).

Il y a *trop de* **fleurs.** (concord. de l'adj., 20 - 13).

Bien que **ses jambes** *tremblent* **un peu, sa conscience est en paix.** (*aunque* + indic. : "bien que", 20 - 15).

Il *se reposa* **six jours** *au* **lit.** (20 - 17).

Il lui *prenait l'idée* **de se voir ainsi.** (20 - 26).

Tant pis **pour vous.** (20 - 29).

Au bout de **deux mois il retourna à petits pas au café.** (22 - 6).

J'ai *été à* **Saragosse.** (situation dans un lieu, 22 - 9).

Ils *décidèrent de* **rendre visite à sa femme.** (*decidir* + inf., 22 - 16).

La femme, *un* **doigt** *sur* **les lèvres leur demanda le silence.** (complément d'attitude → préposition *con*, 22 - 17).

Elle leur *ordonna* **de ne pas faire de vacarme.** (*ordenar que* + subj. ; c.d.t., 22 - 18).

Je suis contente que vous veniez. (verbe de sentiment + subjonctif, 22 - 22).

On va voir **ce qu'ils disent** *quand* **je m'en** *irai*. (22 - 24,25).

Ils *promirent de* **faire tout leur possible.** (22 - 26).

Raconte-nous **comment se porte Saragosse.** (impératif → enclise, 22 - 31).

Il raconta *ce qui avait trait* **à Saragosse.** (24 - 1).

Camilo José Cela

MEMORIAS
DEL CABRITO SMITH,
CHIVO[1] INSURRECTO
(CUENTO MONTARAZ[2])

> *El famoso cabrito Smith, chivo insurrecto[3], ha levantado en armas una partida en las estribaciones[4] de la sierra de Gredos. Se han organizado batidas[5], hasta ahora con resultado infructuoso.*
> (De los periódicos.)

1. **cabrito, chivo**: cabra joven
2. **montaraz**: que anda por los montes; guarda de montes
3. **insurrecto**: rebelde
4. **estribaciones**: alrededores
5. **batidas**: cazas

I

Me llamo Roberto Smith y Jabalquinto, soy natural de Fresnedilla de la Oliva de Plasencia, provincia de Cáceres*, tengo cinco años y mi vida, si bien no ejemplar, tampoco es, bien mirado, la de un facineroso. Uno no vive casi nunca la vida que quiere sino la que puede. Mi vocación hubiera sido la de llevar la vida de un chivo honesto ; la de pasarme las horas muertas tumbado a la sombra de un árbol frutal,
10 rumiando fresca hierba o aromático heno, viendo pasar las nubecillas de la primavera y leyendo a fray Luis o a Garcilaso. Pero la vida me ha empujado sin contemplaciones y hoy me encuentro al frente de una partida que me teme y me obedece, convertido en un chivo de acción. ¡ Vaya por Dios !

Mi padre, don Walter Smith, fue un hermoso ejemplar chamoisée de los Alpes, recriado en el Devonshire inglés y traído más tarde a Fresnedilla de la Oliva por la razón social Agapito López y Hermanos, Importadores de Cabras del
20 Reino Unido, hombres que hicieron una saneada fortuna con esto de traernos y llevarnos de un lado para otro. Mi padre fue siempre un chivo serio y conspicuo, orgullo de su tribu y espejo y guía de chivos de pro. Su recuerdo aún permanece inalterable entre todos nosotros, y su recto proceder y su noble estampa son siempre recordados con cariño y con respeto.

Mi madre, doña Teresita Jabalquinto, la pobre ya era otra cosa. Cabra casquivana y amiga de afeites, la doña Teresita salió de armas tomar y, primero a sus padres y más
30 tarde a su marido, trajo a todos por el camino de la

*Ed. ant.: ...Fresnedillas de la Oliva, provincia de Madrid.

28

soy natural de: he nacido en, soy oriundo de
Fresnedilla...Plasencia: nombre típico de pueblecito castellano □
Cáceres: situada en Extramadura □ **si bien:** aunque □ **ejemplar:**
modelo □ **mirado:** considerado □ **la de:** la vida de □ **facineroso:**
bandido □ **Uno...la vida que:** casi nadie vive como □ **hubiera** <
haber: subj. imp. de haber = cond. □ **la de:** la vocación de □ **llevar
la vida:** vivir □ **pasarme las horas...rumiando:** pasarse + compl. de
t. + ger.; < rumiar: comer □ **aromático:** oloroso □ **heno:** hierba
seca □ **viendo** < ver: ger. pasarme... □ **primavera:** estación del año
□ **leyendo** < leer □ **Fray Luis, Garcilaso:** 2 poetas □ **empujado:**
llevado □ **contemplaciones:** complacencias □ **me encuentro al
frente:** soy el jefe □ **partida:** banda □ **teme:** tiene miedo □
obedece: cumple mis órdenes □ **acción:** combate □ **¡Vaya por
Dios!:** ¡Dios mío! □ **Don:** título de nobleza □ **hermoso:**
magnífico □ **ejemplar:** especimen □ **chamoisée:** *de chamois* □
recriado en: de pequeño vivió en Devonshire: región de Inglaterra
□ **traído:** llevado □ **razón social:** nombre de la Sociedad □
Importadores: vendían en España □ **saneada:** sana
esto: el hecho □ **de un lado para otro:** sin parar
conspicuo: notable, ilustre
espejo: modelo □ **guía (el):** maestro, conductor □ **de pro:** con
honor □ **aún:** todavía □ **permanece:** está □ **inalterable:**
inolvidable □ **recto:** justo □ **proceder:** conducta □ **estampa:**
imagen □ **cariño:** amor ⊘ **resp̲e̲to:** veneración ≠ respe̲c̲to a:
referente a
casquivana: de poco juicio □ **amiga de afeites:** coqueta
salió: resultó ser □ **de armas tomar:** audaz
trajo < traje, trajiste... < traer, llevar, conducir

amargura. Sin pedigree conocido, mi madre era eso que, vagamente, se llama una cabra del país, denominación que no cualifica, pero que sí diagnostica de coqueta y husmeadora en corral ajeno, de cotilla y poco discreta, y de mala esposa y madre no mejor. Me apena tener que dar esta información de mi propia madre, pero estas páginas mías son como un testamento que no conviene falsear. La pobre doña Teresita para colmo de males y de paciencias, se pasó más de media vida contagiándole las fiebres de Malta a los
10 pobres cristianos que no habían hecho otro delito que consumir su leche al desayuno y al final —y como quien mal anda, mal acaba— fué a morir de una manera trágica, atropellada por un camión que traía encima cinco mil kilos de uva de Cebreros, carga dulce, ciertamente, pero quizás demasiado pesada para una sola cabra. La pobre quedó como una oblea y poco debió sufrir porque al llegar al lugar del suceso, a los escasos instantes de acaecido, ni resollaba. Para mí fue un rudo golpe verla, en medio del camino, plana como un bacalao, pero para mi padre que era muy
20 sentimental, como buen chivo del norte, el hecho tomó caracteres casi trágicos y se pasó los días, y aun las semanas, llorando a moco tendido, con el mirar lleno de tristeza y la barbita flácida y desflecada.

—¡Ay, Teresita, Teresita! —decía don Walter en su dolor—. ¡Qué insensata has sido toda tu vida!

Cuando me quedé huérfano pasé por momentos apurados porque el amo, creyendo que no prosperaría, pensó en asarme para el día de la patrona, pero cuando le demostré que prefería la yerba —aunque al principio me
30 hacía algo de daño al estómago— al fuego lento, me fue perdonando la vida y, con el tiempo que gané, me hice mayor y más duro, que es la salvación de los chivos, porque

amargura : pena, aflicción □ **pedigree :** origen, raíces
se llama : la gente llama □ **del país :** de la región
pero sí : pero en cambio □ **diagnostica de :** determina un carácter
de... □ **husmeadora :** curiosa □ **corral ajeno :** casa de los demás □
cotilla : muy habladora □ **esposa :** mujer □ **Me apena + inf. :** me
entristece + inf. □ **tener que dar :** tener que + inf. = deber + inf. :
oblig. impers. □ **no conviene falsear :** no hay que falsificar
colmo de males ≠ colmo de bienes □ **se pasó contagiándole :** pasarse
+ compl. de t. + ger.
cristianos : "Por la calle no pasa un cristiano" = no hay nadie □
hecho : cometido □ **consumir :** beberse ☑ **leche (la)** □ **al desayuno :**
por la mañana □ **al final :** por fin □ **como :** ya que □ **quien...acaba :**
"tal vida, tal muerte" □ **atropellada :** un camión le pasó por encima
□ **traía :** transportaba ☑ **uva (la) :** con ella se hace el vino □
Cebreros : nombre del pueblo □ **dulce :** suave □ **pesada** ≠ ligera
oblea (fig.) : débil
suceso : accidente □ **escasos :** pocos □ **de acaecido :** tras haber
ocurrido □ **resollaba :** respiraba □ **fue...golpe verla :** ser + inf. suj.
□ **plana :** aplastada □ **como :** en calidad de
hecho : acontecimiento
caracteres : aspectos □ **trágicos :** desgraciados □ **aun :** hasta
llorando a moco tendido : mucho y sin parar □ **el mirar :** la mirada
□ **tristeza** ≠ alegría □ **barbita :** mechón de pelo debajo de la boca
□ **flácida :** lacia, blanda □ **desflecada :** con escasos pelos
¡ Qué insensata has sido ! : qué + adj. + verb. = Lo + adj. + que
+ verb. ; exclamación □ **huérfano :** sin padre o madre □ **pasé por :**
viví... □ **apurados :** peligrosos □ **prosperaría :** causaría ganancias
☑ **pensó en** □ **asarme :** matarme y comerme □ **de la patrona :** de
fiesta □ **prefería la yerba...al fuego :** prefería seguir viviendo en el
campo a morir □ **algo :** un poco □ **hacía daño :** causaba dolor □
fue perdonando : ser + ger. (forma progres.) **perdonar la vida :** dejar
en vida □ **me hice mayor :** hacerse + adj., volverse + adj.

31

cuando llegamos a cierta edad no hay quien nos meta el diente.

Mi padre, que al principio tan afectado estaba, casó en segundas nupcias con mi tía Clotilde Jabalquinto, la hermana menor de mi madre, y de este segundo matrimonio nacieron cinco chivos, todos machos : Napoleón, que ahora es mi lugarteniente, Walter, Adolfito, Silvestre y Victoriano, el benjamín, que cuando dejé de verlo, era un chivillo blanco y retozón.

10

II

Me eché al monte cuando maté de una topada a Paulino Elizondo, un chivo viejo y aflamencado que me tenía muy harto. El pobre resultó más blando de lo que yo lo imaginaba, y se fué a criar malvas a la primer embestida.

En el monte, solo y errabundo como andaba me aburría como una ostra y, por entretenerme, me dediqué durante
20 algún tiempo a atracar ovejas, animal odioso y asustadizo a quien me divertía espantar. A las ovejas, cuando las arrimaba a alguna cerca para desvalijarlas se les hinchaba el morro de miedo que tenían y se les ponían los ojos tiernos y llenos de agua.

Con el lobo preferí pactar porque, aunque cuando lo veía venir me daba tiempo a llegar brincando a las rocas altas, aquéllas que él no podía escalar, el estar con la atención despierta para que no me cogiera desprevenido, era algo que me tenía sobresaltado y que me hacía perder un tiempo
30 hermoso.

Me acerqué a la guarida del lobo y, desde una peña, le hablé :

llegamos a : alcanzamos ⊘ **cierta :** sin artic. indef. □ **no hay quien + subj. :** nadie puede + inf. □ **nos meta el diente :** nos coma
afectado : impresionado □ **casó :** tomó por esposa
nupcias : matrimonio, boda
menor : más joven (≠ mayor)
machos : del sexo masculino ≠ hembra
lugarteniente : puede ejercer autoridad y poder del jefe en su ausencia □ **cuando dejé de verlo :** la última vez que lo ví □ **chivillo :** chico, pequeño □ **retozón :** que salta alegremente

me eché a : me fui □ **maté :** quité la vida □ **de una topada :** con un único golpe de la cabeza □ **aflamencado :** con aire de andaluz agitanado □ **me tenía harto :** me hartaba, ya no podía soportarlo □ **blando** ≠ duro □ **se fue a criar malvas** (fam.): se murió □ **embestida :** ataque con fuerza □ **errabundo :** errante □ **aburría como una ostra :** no me divertía nada □ **por entretenerme :** por + inf. (finalidad), distraerme □ **me dediqué a atracar :** pasé algun tiempo atracando □ **ovejas :** pertenecen a los ovinos □ **asustadizo :** temeroso □ **espantar :** asustar □ **arrimaba :** empujaba □ **cerca :** barrera □ **desvalijarlas :** desposeerlas ⊘ se <u>les</u> hinchaba <u>el</u> morro : les : dat. de int. < posesivo ; morro : nariz y boca ; hinchar : inflar ⊘ se <u>les</u> ponían <u>los</u> ojos tiernos : les, cf. l. 23 ; poner + adj. : volver ; tierno ≠ cruel □ **pactar :** hacer un pacto □ **me daba tiempo a :** tenía tiempo para □ **brincando :** saltando □ **altas** ≠ bajas □ **aquéllas :** ésas □ **el estar :** el + inf. = el hecho de + inf. □ **despierta** ≠ dormida □ **para que...cogiera :** para que + subj. □ **desprevenido :** por sorpresa □ **algo :** una cosa □ **me tenía sobresaltado :** me inquietaba **me acerqué <u>a</u> :** fui cerca de □ **guarida :** casa, refugio □ **peña :** roca

— Señor lobo : yo, a pesar de mi esquila, no soy un chivo doméstico, un cabrito de corral sometido dócilmente al hombre, como mis compañeros de especie. No. Yo soy un chivo insurrecto, un chivo sublevado, que me eché al monte porque no aguantaba la esclavitud y porque llevo los cuernos manchados de sangre, como usted tiene los colmillos. Yo, salvo que soy vegetariano, vivo igual que usted al margen de la ley y, sin que por eso quiera discutir su dominio del monte, en el monte he de vivir, como usted 10 vive, y del monte he de hacer mi hogar, mi refugio y mi campo de operaciones.

—¿ Y qué quieres de mí, insensato chivo ? —me preguntó el lobo.

— Pues, lo que quiero es pactar con usted, señor lobo, y a eso he venido. Que pienso que los dos podemos salir ganando si nos ponemos de acuerdo.

—¿ Y qué me ofreces ?

— Una oveja a la semana : no una cabra, que me parecería traición vender a mis hermanos.

20 —¿ Y qué pides ?

— La paz con usted y con los suyos, y el que me quiten esta esquila que me humilla y que me resta prestancia. Con un cencerro al cuello, ¿ quién me había de tomar por un chivo de acción ?

—¿ Y cumplirás lo ofrecido ?

— Sí, señor lobo, por la cuenta que me tiene, usted lo ha de ver. Mañana le traeré a usted el primer cordero.

— Pues baja de la peña, que acepto tus condiciones. Esta noche te presentaré a todos los lobos del contorno y ten la 30 certeza de que todos los lobos del contorno te respetarán, si cumples. Anda, ven aquí que te quite la esquila que estás ridículo con ella y pareces un siervo.

a pesar de mi esquila: aunque lleve una campanilla
de corral: acostumbrado a vivir encerrado

insurrecto: rebelde □ **me eché a**: me escapé
aguantaba: soportaba, resistía □ **llevo**: tengo
manchados: con marcas, restos de ☑ **sangre (la)**
colmillos: dientes agudos y fuertes □ **salvo**: excepto □ **igual que**:
como □ **al margen**: fuera □ **sin que...quiera**: sin que + subj.
dominio: soberanía, imperio □ **he de vivir**: debo vivir □ **del**
monte...mi hogar: compl. de lugar, encabeza frase para insistir;
hogar: casa □ **campo de operaciones**: territorio de caza
insensato: necio, tonto ≠ prudente, juicioso

pues: bueno, luego
a eso: para eso □ **que**: porque □ **los dos**: ambos □ **podemos salir**
ganando: terminaremos ganando

☑ **a la semana**: cada semana □ **que**: porque
traición: deslealtad □ **vender a mis hermanos**: a personifica c.o.d.
pides < pido..., pide, pedimos... < pedir: reclamar
los suyos: los miembros de su raza □ **el que me quiten**: el hecho
de que □ **humilla**: rebaja □ **resta**: quita □ **prestancia**: gallardía
cencerro: esquila □ **había de tomar**: tomaría

cumplirás: ejecutarás □ **lo ofrecido**: lo que has ofrecido
cuenta: consideración □ **ha de ver**: verá
traeré: llevaré □ **cordero**: cria de la oveja
baja ≠ sube □ **que**: c.f. l. 15 □ **tus condiciones**: tu propuesta
presentaré: llevaré a conocer □ **del contorno**: de los alrededores □
ten la certeza: puedes estar seguro
cumples: eres fiel □ **anda**: bueno □ **que**: para que + subj. □ **que**:
ya que □ **siervo**: esclavo

Bajé de la peña, me llegué al cubil del lobo y él, poniéndome una pata en el hombro, me dijo con gran parsimonia.

— Tengo mala fama, tú lo sabes, pero buena palabra, una palabra de oro de ley. Desde este momento somos amigos y nuestra amistad puede durar toda la vida. Si alguna vez necesitas defensa, o un servicio especial de protección, no tienes más que venir a verme. Pero no olvides que si me traicionas o intentas engañarme, no has de durar
10 más de lo que tarda un pájaro en saludar la mañana.

— Descuide usted, señor lobo, que no lo olvidaré.

— Mejor para tí. Anda, estira el cuello para que te suelte la correa del cencerro.

— Pero..., ¿la va usted a soltar con los dientes?

— No, hijo, que con los dientes me darías malas tentaciones y no quiero ser yo quien rompa el pacto. Tranquilízate y no temas, que te la soltaré con las uñas, aunque tardemos un poco más.

El lobo me quitó la campanilla y luego, dándome un
20 espaldarazo, me dijo:

— Quedas armado caballero del monte. Ahora, con la cabeza erguida y la barbita en punta, ya puedes presumir de capitán de chivos insurrectos. ¿Cómo te llamas?

— Roberto Smith y Jabalquinto.

— Muy bien. Chivo Smith, que los hados del bosque te sean propicios y que ellos te guarden durante largos años.

Las palabras del lobo me llenaron de emoción. Aquella vida noble y de emociones era la que a mí me gustaba.

— Muchas gracias, señor lobo, y usted que lo vea. ¿Y
30 usted, cómo se llama?

— Me llamo Wolf. Yo —añadió el lobo como dis-

llegué: acerqué □ **cubil**: casa del lobo

poniéndome: al ponerme (simult.) □ **hombro**: *épaule*

parsimonia: sobriedad, moderación

fama: reputación; tengo fama de ser malo □ **buena palabra**: cumplo mi palabra □ **de oro de ley**: oro verdadero; el lobo respeta lo prometido

alguna: una □ **necesitas**: te hace falta □ **defensa**: ayuda, socorro **no tienes más que**: sólo tienes que ⊘ **venir a̲**: a después de verbo de mvt. □ **no olvides** (no + subj. imp.: def.) □ **intentas**: tratas de □ **has de durar**: haber de + inf. = futuro ⊘ **tarda un pájaro en saludar la mañana**: decirle buenos días al día que empieza; un instante □ **descuide**: no se preocupe □ **no lo olvidaré**: lo recordaré □ **mejor**: más vale □ **¡ anda !**: ¡ vamos ! □ **estira**: alarga □ **suelte**: abra □ **correa**: *courroie*

hijo: hijo mío □ **que**: puesto que □ **darías...tentaciones**: tentarías **quien rompa el pacto**: quien no cumpla

tranquilízate: cálmate □ **no temas**: no tengas miedo □ **soltaré**: quitaré □ **uñas**: *griffes* □ **aunque tardemos**: aunque + subj.

luego: después □ **dándome**: cuando me daba

espaldarazo: suf. azo = golpe de

quedas: estás, resultas □ **caballero**: título de nobleza

erguida: en alto ≠ sometida □ **en punta**: hacia delante □ **presumir de**: estar orgulloso de, vanagloriarse

que los...años: que + subj.: expres. de un deseo □ **hados**: espíritus **propicios**: favorables □ **guarden**: protejan

llenaron de emoción: conmovieron, emocionaron

que lo vea: que + subj. (cf. l. 25), que viva mucho tiempo

añadió: : dijo además, agregó □ **disculpándose**: justificándose

37

culpándose—, aunque opero en Castilla, nací en la Selva Negra.

En los ojos del lobo brilló como un destello de nostalgia.

III

Mi pacto con el lobo Wolf me dio un resultado
10 espléndido. Los dos cumplimos como caballeros y yo vi
crecer mi prestigio como la espuma, no ya entre las cabras
de muchas leguas a la redonda, que se hacían lenguas de mí
y presumían de mis hazañas, sino incluso entre las alimañas
del monte —lobos, zorros, garduñas, martas y hurones—
que me respetaban y me miraban con simpatía.

Fue por entonces cuando se me ocurrió levantar mi
primera partida. Hice algo de propaganda por los rebaños
de Guadarrama y Somosierra, y llegué a reunir veintitantos
chivos selectos, bizarros y valerosos, que me obedecían
20 ciegamente y que, ni por asomo, discutían mis órdenes.
¡ Qué partida aquella y con qué nostalgia la recuerdo hoy,
con qué amor y simpatía !

Con ellos a la espalda —salvo dos que dejé cerca del lobo
Wolf, encargados de velar por el cumplimiento del tributo
de las ovejas— me dediqué al pillaje desde Hiendelaencina,
en Guadalajara, hasta Candelario, en Salamanca,
siguiendo la línea de los montes, y llegué a reunir una
fortunita bastante saneada, aunque de todas las presas daba
la mitad a mis chivos. Pero si mis chivos se portaban bien
30 e incluso heroicamente cuando hacía falta, ¿ cómo yo no
había de premiar su conducta para procurar tenerlos
contentos ? En la psicología del mando de cuadrillas está

aunque opero: aunque + ind. □ **Castilla**: región del centro de España □ **nací** ≠ **morí** □ **Selva Negra**: bosques en Alemania
destello: resplandor vivo y efímero
nostalgia: pena de verse ausente de la patria

dio un resultado: resultó
los dos: ambos □ **como caballeros**: con la mayor nobleza y dignidad □ **crecer...como la espuma**: progresar rápidamente
legua: 4 kms □ **a la redonda**: alrededor □ **se hacían lenguas de**: no hablaban sino de □ **presumían**: se enorgullecían □ **hazañas**: proezas □ **incluso**: hasta □ **alimañas**: animales □ **garduñas**: *fouines* □ **hurones** < hurón: *furet*
Fue...entonces cuando: ser + compl. de t. + cuando: « *c'est...que* » □ **se me ocurrió**: tuve la idea de □ **levantar**: reclutar □ **propaganda**: publicidad □ **por**: entre □ **rebaños**: grupos de ovinos □ **Guadarrama y Somosierra**: 2 cordilleras en la meseta castellana □ **selectos**: escogidos □ **bizarros**: valientes □ **valerosos**: intrépidos □ **ciegamente**: los ojos cerrados □ **ni por asomo**: de ninguna manera □ **¡qué nostalgia!**: ¡cuánta añoranza!
a la espalda: que me seguían □ **dejé**: puse □ **cerca del**: junto al **encargados**: con misión □ **velar por**: vigilar □ **cumplimiento**: respeto □ **me dediqué**: me pasé el tiempo pillando □ **Hiendelaencina, Candelario**: aldeas de la provincia de Guadalajara y Salamanca □ **llegué a**: conseguí, pude
saneada: honesta □ **presas**: beneficios
mitad: media parte □ **se portaban**: actuaban
hacía falta: era necesario □ **¿cómo yo?**: ¿por qué yo?
había de: haber de, deber □ **premiar**: recompensar □ **procurar**: tratar de □ **tenerlos contentos**: satisfacerlos □ **mando**: poder

escrito, con letras de oro, el que el jefe no se muestre nunca avaricioso.

Pero yo entonces era todavía muy joven —y la juventud es un lujo que ha de pagarse a costoso precio—, el poder me emborrachó y no se me ocurrió mejor cosa que presentar batalla a una pareja de la guardia civil. ¡Nunca lo hubiera hecho y qué cierto es que Dios ciega al que quiere perder! La pareja, al principio, nos tomó por un hato de cabras mansas y no nos hizo ni caso, pero cuando nos
10 destapamos y la emprendimos a topadas, montaron los fusiles y nos soltaron tal cantidad de tiros que bien puede decirse que aquélla fue la noche de San Bartolomé de los chivos insurrectos. ¡Qué tíos, qué de prisa disparaban y qué puntería tenían! Aquello fue el fin de la partida. ¡No quiero ni acordarme! Nuestra derrota fue de tal magnitud, fue una derrota tan en regla, que no pudimos ni recoger los cadáveres, que quedaron en poder del enemigo. ¡Qué masacre nos hicieron!

Yo libré ileso de verdadero milagro y, solo y cabizbajo,
20 fui a reponer mis nervios a la guarida del lobo Wolf. Quise ser una cabra histórica —algo así como la cabra Amaltea, que amamantó a Júpiter y, en premio, pasó a las constelaciones— pero me las dieron todas en el mismo carrillo. ¡Válgame Dios y qué insensato fui! En aquella ocasión pienso que salió en mí a relucir la sangre pintoresca y atrabiliaria de doña Teresita Jabalquinto que, aunque era mi madre, justo es reconocer también que era una cabra loca.

El lobo Wolf, cuando le conté la aventura de la que tan
30 malparado salí, me riñó paternalmente, como hubiera podido reñir a un hijo o a un hermano pequeño.

— Pero, chivo alocado —me dijo—, ¿en qué cabeza

☑ **letras de oro** ☐ **el que** + subj. : el hecho de que ☑ **jefe** : el cabeza
☐ **se muestre** : sea ☐ **avaricioso** : tacaño ≠ generoso
todavía : aún ☐ **juventud** ≠ vejez
lujo : riqueza ☐ **ha de pagarse** : deber (cf. p. 38, l. 31) ☐ **costoso** :
alto ☐ **emborrachó** : embriagó, hizo perder el juicio
presentar batalla : atacar ☐ **pareja** : los guardias iban por 2 ☐
¡ Nunca + subj. ! : ¡ Ojala no ! expres. de la pena ☐ **cierto es** :
indudable ☐ **ciega** : le cierra los ojos ☐ **al que** : a la persona a quien
☐ **perder** ≠ salvar ☐ **hato** : grupo ☐ **mansas** : pacíficas ☐ **no hizo
caso** : no prestó atención ☐ **destapamos** : descubrimos ☐ **la
emprendimos** : atacamos ☐ **a topadas** : con los cuernos ☐ **montaron** :
armaron ☐ **soltaron** : mandaron con fuerza ☐ **puede decirse** : se
puede decir ☐ **aquélla** : esa noche ☐ **San Bartolomé** : recuerdo de
la masacre de los protestantes ☐ **tíos** : individuos ☐ **¡ qué de prisa** :
¡ qué rapido ! ☐ **disparaban** : soltaban los tiros ☐ **puntería** :
precisión ☐ **Aquello** : eso ☐ **No...acordarme** : quiero olvidarlo ☐
derrota : fracaso ☐ **de tal magnitud** : tan importante ☐ **no pudimos
ni** : ni siquiera pudimos ☐ **recoger** : llevarnos ☐ **en poder** : en manos
☑ **¡ Qué masacre !** : (la masacre) ☐ **libré** : me salvé ☐ **ileso** : indemne
☑ **de...milagro** : por suerte ☐ **cabizbajo** : bajando la cabeza ☐
reponer mis nervios : tranquilizarme ☐ **histórica** : famosa ☐ **algo** :
una cosa ☐ **Amaltea** : cabra mitológica ☐ **amamantó** : le dió su
leche ☐ **premio** : recompensa ☐ **pasó a las constelaciones** : está en
los cielos ☐ **me dieron...carrillo** : me han castigado demasiado ☐
¡ Válgame Dios ! : ¡ Qué Dios me ayude ! ☐ **¡ qué insensato** : cuán
insensato ≠ sensato ☐ **salió a relucir** : apareció ☐ **pintoresca** :
original ☐ **atrabilaria** : irascible, destemplada ☐ **justo es** : hay que
reconocer > reconozco, reconocéis ; confesar ☐ **loca** : insensata,
disparatada
malparado : mal ☐ **riñó** < reñí, reñiste... < reñir : reprender,
regañar ≠ felicitar
alocado : insensato ☐ **¿ en qué cabeza cabe ?** : ¿ a quién se le ocurre ?

41

cabe presentar batalla al hombre, que es el único animal que gana siempre ? Si yo, siendo lobo, le busco las vueltas, para no encontrármelo, ¿ cómo tú, chivo ridículo, has querido darle la batalla en su terreno ? Has librado de milagro, hijo mío, de verdadero milagro, y ya puedes dar gracias si esto te sirve de aprendizaje y de escarmiento. La guerra no debe hacerse más que por necesidad y, aun así, conviene tentarse antes la ropa. Soy lobo viejo y puedo asegurarte que no hay enemigo pequeño. ¡Mira que atacar a dos hombres
10 armados de fusiles ! Tu acción es tan disparatada que no demuestra ni valor, pero esto, aquí entre los dos, vamos a callárnoslo porque nadie lo entenderá así y todos pensarán que, en vez de ser un insensato, eres un héroe.

— Gracias, señor lobo —le respondí—, se lo agradezco a usted mucho.

— De nada, hijo, pero prométeme no hacer más locuras, que así no vas a ningún lado.

— Prometido, señor lobo ; se lo prometo a usted solemnemente.

20 El lobo Wolf me había cobrado cariño y bien es cierto que yo le correspondía. Los lobos, tratados en la intimidad, son tiernos y sentimentales y tienen sus afectos y sus simpatías, como cada hijo de vecino. Nunca es tan fiero el león como lo pintan.

IV

A raíz de mi derrota, viví en la paz y el sosiego de la casa
30 del lobo una larga temporada, sin ocuparme de nada más que de reponerme, porque hasta lo de la oveja semanal era del negociado de los dos chivos leales que me quedaban,

gana: es victorioso □ **siendo**: aunque soy □ **le busco las vueltas**: trato de evitarle □ **encontrármelo**: encontrarme ante él □ **cómo**: por qué darle la batalla, atacarle □ **de milagro**: por casualidad
dar gracias: darle las gracias a Dios
escarmiento: lección □ **la guerra no debe hacerse**: no se tiene que hacer la guerra □ **más...que**: sino □ **aun así**: incluso así □ **tentarse la ropa**: dudar, reflexionar mucho
enemigo: adversario □ **pequeño**: sin peligro □ **Mira que**: fíjate que
disparatada: insensata
demuestra < demostrar: probar □ **ni valor**: ni siquiera valor □
entre los dos: es nuestro secreto ⊠ **callárnoslo**: callar ≠ decir □
entenderá: comprenderá □ **en vez de**: en lugar de
respondí: contesté □ **se lo agradezco a usted**: le estoy muy agradecido, le doy las gracias
hijo: hijo mío □ **prométeme no hacer**: prometer + inf.
que: puesto que □ **no vas a ningún lado**: no te da buenos resultados
prometido: se lo prometo a usted
solemnemente: con toda solemnidad
me había cobrado cariño: sentía cariño por mí □ **bien es**: sí que es
correspondía: amaba, quería □ **tratados**: con los que se trata
tiernos: afectuosos, cariñosos □ **afectos**: inclinaciones, amistades
cada hijo de vecino: cualquier persona □ **tan fiero...como**: tan...como (igualdad); fiero: cruel, feroz □ **pintan**: describen

a raíz: justo después □ **sosiego**: tranquilidad, quietud
temporada: tiempo □ **ocuparme de**: preocuparme por
reponerme: recobrar fuerzas □ **lo de la oveja**: lo de + subst.: la historia de □ **era del**: pertenecía al □ **negociado**: servicio

43

aquéllos que, durante la existencia de la cuadrilla, estaban destacados en comisión de servicio cerca de la guarida de don Wolf.

Con reposo y algo de sobrealimentación pronto me recuperé y, como no quería serle gravoso al lobo, una mañana me despedí de él dispuesto a hacer la guerra por mi cuenta.

El bandolerismo en solitario, aunque entretenido, resulta fatigoso y un tanto expuesto. Un chivo solo, subiendo y
10 bajando montes en pos del condumio y la aventura, está siempre un poco vendido ante los mil peligros que le acechan.

Una tarde que estaba sesteando, al abrigo de unas jaras, en el campo de Pedro Bernardo, al pie de la sierra de Gredos, fui reconocido por unas cabras que iban de paso.

— Buenas tardes. ¿ Tú no eres el cabrito Smith, el chivo insurrecto, orgullo de todas las cabras de España ?

Aquel trato me llenó de orgullo.

— Yo soy. ¿ Queréis algo de mí ?
20   Las cabras hablaron un rato entre ellas y un chivo pardo y bien lucido se destacó del grupo.

— Pues, sí. Queremos decirte que nos apena verte sólo y sin poder. Queremos decirte también que estamos hartos de esclavitud y que si tú nos mandas, contigo nos vamos a donde nos lleves.

En aquel momento nació mi segunda partida. Lo que haya de ser de ella, sólo Dios, que está por encima de todos, lo puede saber. Pero yo no podía hacer oídos de mercader a la llamada de la sangre. Los héroes no nos pertenece-
30 mos.

. . . .

Sé, por los periódicos, que se ha puesto precio a mi cabeza

aquéllos: demostr. laudat. □ **cuadrilla**: partida, banda
destacados: destinados

reposo: descanso □ **algo**: un poco □ **pronto**: rápidamente □ **me
recuperé**: me repuse □ **serle gravoso**: molestarle, ser una carga
para el lobo □ **me despedí de él**: le dije adios □ **dispuesto**: listo,
preparado □ **por mi cuenta**: solo
bandolerismo: existencia del bandolero □ **entretenido**: divertido
un tanto: algo, un poco □ **expuesto**: peligroso, arriesgado
en pos del: en busca del □ **condumio** (fam.): comida
vendido: perdido □ **ante** + subst.: frente a + subst. □ **peligros**:
amenazas □ **acechan**: rodean, esperan
sesteando: durmiendo la siesta □ **al abrigo de**: protegido por □
jaras: arbustos
☑ **fui reconocido por unas cabras** □ **iban de paseo**: paseaban
tú: pr. pers. sujeto, vocativo

Aquel trato: aquella manera de tratarme □ **me llenó de orgullo**: me
hizo sentir muy orgulloso □ **yo soy**: empleo de ser para una
definición □ **rato**: momento □ **pardo**: oscuro
lucido: elegante □ **destacó**: se separó, vino hacia el cabrito
sí: sí que queremos algo de ti
estamos hartos de: ya no soportamos, aguantamos
mandas: diriges □ **a donde nos lleves**: subj. pres. idea de futuro

nació: empezó, se creó □ **lo que haya de ser de ella**: haber de +
inf. subj. → eventualidad; lo que...ser de ella: lo que le pueda pasar
oídos de mercader: oídos sordos
no nos pertenecemos: somos de los demás, a quienes nos debemos

sé < saber: me he enterado □ **se ha puesto...mi cabeza**: me buscan

45

y que se han organizado batidas para mi captura. Nada
podrán contra mí. Perdiendo he aprendido mucho.

Ediciones.
En una revista o almanaque agrícola del que no pude
encontrar título, lugar ni fecha. Y 2.ª, la presente.

batidas : batir el monte para que el animal salga y se exponga a los cazadores □ **nada podrán :** no podrán nada □ **perdiendo :** puesto que ya he perdido □ **he aprendido mucho :** tengo mucha experiencia

Grammaire au fil des nouvelles

Traduisez les phrases suivantes inspirées du texte (le premier chiffre renvoie aux pages, les suivants aux lignes) :

Cette vie, tout bien considéré, n'est pas *non plus* celle d'un bandit. (*tambián* ≠ *tampoco ; el de..., la de...*, 28 - 3,4).

J'aurais aimé *passer des heures à regarder* les petits nuages. (*pasarse el tiempo* + gér., 28 - 9,10).

Cela m'*attriste de devoir donner* cette information. (infinitif sujet ; *tener que*, 30 - 5).

Comme tu as été *insensée* toute ta vie ! (*qué* + adjectif, 30 - 25).

Petit à petit il me fit grâce de la vie. (*ir* + gér., 30 - 30).

À un certain âge, il n'y a personne *susceptible de nous croquer*. (possibilité → subj. pr., 32 - 1).

Le pauvre s'avéra *plus faible que* je n'imaginais. (proposition compl. d'un comparatif introduite par *de lo que*, 32 - 16).

Ce bouc-là m'*avait* fort *ennuyé*. (*tener* + p. passé accordé, 32 - 15,16).

Quand les brebis avaient peur *leur* museau enflait. (pr. indirect, datif d'intérêt, remplace possessif, 32 - 22).

J'avais le temps d'arriver. (*dar tiempo* + *a* + inf., 32 - 26).

Je grimpais sur les rochers *pour qu'il* ne *me prît* pas au dépourvu. (*para que* + subj., c.d.t., 32 - 28).

Je devais lui porter une brebis *par semaine*. (34 - 18).

Respecteras-tu *ce qui a été promis* ? (*lo* + p. passé, 34 - 25).

Viens *que je t'enlève* cette clochette car tu es ridicule ainsi. (*que* + subj. : but ; *que* : explicatif, 34 - 31).

Je ne veux pas être celui *qui brisera* le pacte. (expression du futur dans la subordonnée → subj. pr., 36 - 16).

Je te la détacherai avec les griffes *même si* nous tardons un peu plus. (*aunque* + subj., 36 - 18).

C'est alors *qu*'il me prit l'idée de recruter ma première troupe. (*es...cuando*, c.d.t., 38 - 16).

Quels types, *comme* ils visaient bien !. (exclamation, 40 - 14).

Juan García Hortelano

MUTIS *
(Los diablos rojos contra los ángeles blancos)

J. García Hortelano nació en 1928 en Madrid donde se licenció en Derecho y donde casi siempre ha vivido.

Nuevas amistades es el título de su primera obra, con la que obtuvo en 1959 el premio " Biblioteca Breve ". En 1961 su libro *Tormenta de Verano* recibió el " Prix Formentor ". Otras novelas siguieron : *El gran momento de Mary Tribune* " (1962), *Los vaqueros en el pozo* (1979), y *Gramática parda* (1982), que recibió el Premio de la Crítica. Sus *Cuentos completos* se publicaron en 1979 y también una *Antología de poemas* en 1978

J. García Hortelano se ha encaramado el reino del humor y de la fantasía verbal.

En sus Cuentos narra su aventura personal. Desde los años de la guerra civil, en un Madrid sitiado y bombardeado y ferozmente divertido se desemboca en el desencanto, en la crónica, en el absurdo escasamente significativo de una sociedad escindida y de consumo.

* **mutis** : voz que se usa en el teatro para hacer que un actor se retire de la escena.

Lo que mató a David Dyonisios fue la pieza necrológica que apareció al día siguiente de su muerte bajo la firma de Alfredo Venino. En lugar destacado del principal matutino el crítico pontificaba :

¿ Quién, entre los que amamos el arte escénico tanto como nuestra vida, sería capaz de olvidar al súbitamente desaparecido ? Nunca actor ninguno tuvo menos personalidad ; jamás nadie que haya pisado las tablas se habrá encontrado en mejor disposición para representar al que no era que esa oquedad,
10 *que esa esponja, que ese hombre, que no era nada, que nada sentía, a quien, fuera de la escena, nada afectaba. Su pasmosa permeabilidad tenía los más sólidos fundamentos, a saber : ignorancia, insensibilidad, apatía y memoria. ¿ Quién, por tanto, entre los que... ?*

Después de haber reposado unas horas en el lujoso féretro en el que le habían tendido durante la madrugada, David Dyonisios se levantó no como un resucitado (que así le habría parecido a cualquiera que se hubiese hallado presente en la cámara mortuoria), sino como el tarambana
20 que ha pasado una noche algo intranquila. Dyonisios, al descubrir la parafernalia fúnebre que ocupaba aquel salón de su casa, pensó, con esa certera sensatez de la que sólo disfrutan los muy vacuos, que en los periódicos de la mañana encontraría alguna explicación al hecho de no haber dormido en su dormitorio. Sobre una mesa del vestíbulo estaban los periódicos y allí mismo comenzó a leer la necrología que Venino le dedicaba, como cualquier mañana posterior a la noche de un estreno leía las críticas, aunque en aquel momento estaba maquillado por el
30 maquillador de la empresa funeraria.

Apenas concluida la escena segunda del primer acto — narraba Alfredo Venino en uno de los párrafos iniciales de

mató: acabó con □ **pieza**: artículo

firma: *signature*

destacado: que resalta □ **matutino**: diario de la mañana

el crítico ≠ la crítica □ **pontificaba**: afirmaba

los que: la gente que ☑ **el arte**; las artes □ **tanto como**: igualdad

sería capaz: podría □ **olvidar**: no recordar □ **súbitamente**: de repente □ **desaparecido**: muerto □ **nunca...ninguno**: doble negación □ **jamás**: más fuerte que nunca □ **nadie...las tablas**: nadie...sido actor □ **disposición**: capacidad □ **al que**: a quien □ **no era que**: no...sino □ **oquedad**: vacío □ **esponja**: *éponge* □ **no era nada, nada sentía**: 2 ej. de negación □ **sentía**: experimentaba □ **a quien**: c.o.d. de representar □ **fuera**: salvo □ **escena**: teatro □ **afectaba**: concernía □ **pasmosa**: prodigiosa □ **fundamentos**: bases □ **apatía**: flema □ **por tanto**: en atención a lo cual

después de: tras □ **unas**: unas cuantas □ **lujoso**: suntuoso

féretro: caja donde se llevan a enterrar los muertos □ **tendido**: acostado □ **madrugada**: alba ☑ **no como...sino como** □ **que**: porque

cualquiera: poco importa la persona □ **se...presente**: hubiese presenciado □ **cámara**: cuarto □ **tarambana**: persona de poco juicio □ **algo**: un poco

al descubrir: descubriendo □ **parafernalia**: los objetos

certera: segura □ **sensatez**: juicio

disfrutan de: tienen □ **vacuos**: superficiales

encontraría: hallaría, descubriría

dormitorio: habitación

vestíbulo: entrada, zaguán □ **allí mismo**: en ese lugar □ **comenzó**: arrancó □ **dedicaba**: escribía sobre él □ **cualquier**: todas las...

estreno: la presentación de un espectáculo

aquel momento: muerto ya

empresa: compañía, sociedad

apenas concluída: acababa de terminarse

narraba: relataba □ **iniciales**: del principio

su fúnebre oración—, *apareció en lo alto de la rampa del foro David Dyonisios y, conforme la bajaba, solemne y desenvuelto, cuando ya sus labios se movían para articular la primera frase de su papel, recibió, como puñalada mortal, el tumulto del pateo. Poco importa qué hizo estallar la ruidosa protesta del público, que sólo cabe imputar a una de las múltiples necedades de que ya habían dado sobradas muestras autor y director en el tiempo transcurrido desde que se había alzado el telón. Lo decisivo fue* —continuaba narrando
10 Venino y, al leerlo, recordaba Dyonisios— *que Dyonisios cayó fulminado y rodó sobre las tablas, hasta quedar su cuerpo exánime y frenado por la concha del apuntador. Un silencio sobrecogido, con igual celeridad que la protesta...*

David Dyonisios regresó al salón, sin dejar de leer la conmocionada prosa de Venino, encendió un cigarrillo en la llama de uno de los seis hachones que flanqueaban el ataúd y se sentó en el borde de la tarima, que lo sostenía y ensalzaba. Un incierto presentimiento le daba al cigarrillo ese sabor, inconfundible para todo fumador avezado, al
20 último cigarrillo a pie de patíbulo.

...pues no era la primera vez (y una vez más sin culpa suya) que se encontraba en el ojo de ciclón del fracaso, igual que tantas otras noches se había encontrado (también sin mérito suyo) zarandeado por los huracanes del éxito. Y jamás esas eventualidades afectaron a nuestro actor, ser mortal, pero preservado de lo efímero por su naturaleza insubstancial. En consecuencia, sólo un intervalo de súbita lucidez pudo acabar con la vida de Dyonisios.

Mientras fumaba, sentado en la tarima de su túmulo,
30 David Dyonisios comprendió confusamente que Alfredo Venino, al que nunca había visto, había diagnosticado sin error la causa del paro cardíaco que la noche anterior le

52

oración: artículo □ **en...foro**: arriba en el fondo del escenario
conforme: cuando □ **la**: la rampa □ **desenvuelto**: sin complejos

papel: personaje de teatro representado por el actor □ **puñalada**:
golpe □ **pateo**: golpear el suelo con los pies por desaprobación □
qué: lo que □ **estallar**: explotar □ **ruidosa**: escandalosa □ **cabe**:
es posible □ **necedades**: estupideces □ **sobradas**: bastantes □
muestras: pruebas □ **director**: organiza la representación de la
obra □ **transcurrido**: pasado □ **alzado**: levantado □ **telón**: lienzo
grande que sube y baja en el escenario □ **lo decisivo**: lo que fue □
continuaba: seguía □ **al leerlo**: leyéndolo □ **cayó fulminado**:
sucumbió □ **rodó**: dio vueltas □ **tablas**: escenario □ **hasta** + inf.:
hasta que + subj. □ **exánime**: sin vida □ **concha...apuntador**: *trou
du souffleur* □ **sobrecogido**: sorprendido □ **celeridad**: rapidez □
regresó: volvió □ **dejar**: parar □ **conmocionada**: conmovida
llama: fuego □ **hachones**: candelabros □ **flanqueaban**: de cada
lado □ **ataúd**: caja para poner al cadáver □ **tarima**: *estrade*
ensalzaba: engrandecía
☑ **sabor...al** □ **avezado**: experimentado
a pie de patíbulo: antes de morir

el ojo de ciclón: el centro

zarandeado: sacudido □ **éxito**: fracaso □ **jamás**: nunca
afectaron: conmovieron □ **ser**: persona
lo efímero: fugaz, perecedero; lo + adj. neutr.
intervalo: momento □ **súbita**: repentina □ **lucidez**: clarividencia

mientras: cuando □ **túmulo**: catafalco
comprendió confusamente: tuvo la intuición de que...
al que: a quien □ **diagnosticado**: explicado
paro cardíaco: cuando el corazón deja de latir, se para

echó a rodar por el escenario. Unicamente se equivocaba el necrólogo en lo definitivo del accidente. Sin embargo, Dyonisios, impulsado por la sagacidad de Venino, forzó al límite los poderes de su memoria y, aunque descolorida y fragmentariamente, logró revivir aquella lucidez que, sin posibilidad de recitar su papel por el alboroto de los espectadores, le dominó en lo alto de la rampa del foro. Y decidió morir antes que seguir expuesto a experimentar de nuevo otro ataque de clarividencia.

10   Dyonisios regresó al ataúd y llamó a la muerte con una persuasión sincera, no exenta de los recursos profesionales de quien tantas falsas muertes había vivido sobre el escenario. Nada más visitarle La Tramposa, ellos y nosotros nos precipitamos, pero llegó primero uno de esos gráciles mozalbetes —demasiado afectados, para mi gusto— del Coro número 1 y el Querube nos birló aquella alma, que para poco les sirve, porque, además de tener atestadas las praderas elíseas, en el último siglo se ha puesto de moda entre actores de escasa mollera preferir la Gloria.

20   Siendo tan desconsiderados como diligentes, tan suyos, allí olvidó el Querubín el periódico y la colilla todavía humeante del último cigarrillo de Dyonisios, descuido que pudo provocar el despido de algún empleado de la empresa funeraria, si no hubiese llegado yo a tiempo de poner en orden la cámara mortuoria. En esos menesteres de fregona me sorprendió Alfredo Venino.

Como Alfredo me vio bajo las apariencias de incitante actriz desconocida, llevo ya unos meses de meritoria en la antigua compañía dramática de Dyonisios, llamándome
30 Leonora y amancebada con el perspicaz crítico. Todo lo cual, sinceramente, a veces me gusta más y a veces menos que trabajar en el Servicio de Recogidas Urgentes como

echó a : hizo □ **rodar por :** nótese la prep. □ **se equivocaba :** no tenía razón □ **necrólogo :** quien escribe sobre una persona muerta □ **sin embargo :** a pesar de todo □ **sagacidad :** perspicacia □ **forzó...memoria :** hizo un gran esfuerzo para acordarse □ **descolorida y fragmentariamente :** 2 adverbios ; no totalmente □ **logró :** pudo □ **sin posibilidad :** cuando él no pudo □ **por :** a causa □ **alboroto :** tumulto, bullicio □ **dominó :** la lucidez se apoderó de él □ **decidió morir :** decidir + inf. □ **antes que :** denota preferencia □ **seguir expuesto :** arriesgarse □ **regresó :** fue de nuevo

llamó a : a personifica la muerte

persuasión : convicción □ **no exenta :** llena de □ **recursos :** medios **de quien :** del actor quien □ **falsas** ≠ verdaderas □ **vivido :** representado □ **nada más** + inf. : apenas le visitó □ **La Tramposa :** la Muerte □ **ellos :** los ángeles del 1⁰ coro (9 coros en la jerarquía celeste) □ **esos mozalbetes :** jovencitos □ **afectatos :** amanerados **birló :** quitó

para poco les sirve : les sirve poco □ **atestadas :** llenas

praderas elíseas : (mit.) lugar delicioso para las almas de los héroes **escasa :** poca □ **mollera :** seso, inteligencia □ **Gloria :** lugar de los Bienaventurados, pero tambien fama, éxito □ **desconsiderados :** sin consideración, atenciones □ **suyos :** egoístas □ **allí :** en el dormitorio □ **colilla :** resto del cigarro □ **todavía :** aún □ **humeante :** encendida □ **descuido :** negligencia, olvido

a tiempo de : justo para

cámara : dormitorio □ **menesteres :** ejercicios □ **fregona :** empleada que sirve en la cocina (despectivo)

llevo...meritoria : desde hace unos meses trabajo sin sueldo

amancebada con : concubina del □ **lo cual :** esto
a veces : de vez en cuando
Servicio...Urgentes : un servicio de socorros inmediatos

súcubo en expectativa de destino, situación en la que me tenían sancionado por alguna buena acción que debí de cometer en vida, cuando fui fontanero y me llamaba Nicolás.

súcubo : diablo ☐ **en expectativa de :** esperando ☐ **destino :** empleo fijo

tenían : habían

fontanero : obrero encargado de lo relativo a las obras del agua y de sus conductos

Grammaire au fil des nouvelles

Traduisez les phrases suivantes inspirées du texte (le premier chiffre renvoie aux pages, les suivants aux lignes) :

Nous aimons la scène *autant que* notre vie. (égalité : *tanto...como* ≠ conséquence : *tanto...que*, 50 - 5).

***Venino continuait à raconter* le spectacle.** (*continuar*, seguir + gér., 52 - 9).

Il retourna au salon *sans cesser de lire* la prose émue de Venino. (*sin* + inf., 52 - 14).

Un vague pressentiment *donnait à la cigarette* cette saveur unique. (datif d'intérêt → pr. compl., 52 - 18).

Venino, qu'il n'avait jamais vu, avait émis un diagnostic sans faille. (prép. *a* devant c.o.d. de pers. même si c'est un pronom, 52 - 31).

Il *décida de* mourir plutôt que de s'exposer à une nouvelle attaque. (*decidir* + inf. ; idée de continuité : *seguir* + passé, 54 - 8).

***Cela fait quelques mois* que je suis stagiaire.** (durée écoulée depuis le début d'une action : *llevar* + compl. de temps + gér. ou *llevar* + compl. de temps + *de* + subst., 54 - 28).

C'est une bonne action que *j'ai dû commettre* dans ma vie. (devoir : possibilité : *deber de* ≠ obligation : *deber*, 56 - 2).

C'est *devenu* à la mode *de préférer* la gloire. (*ponerse, volverse* ; infinitif sujet → pas de préposition, 56 - 18).

F. García Pavón

ULTIMAS NOCHES

Nacido en Ciudad Real (1919). Fue finalista del Premio Nadal en 1945. Los relatos publicados entre 1952 y 1977 y recogidos en cuatro libros *Cuentos de mamá, Cuentos republicanos, Los liberales, y Los nacionales,* constituyen una verdadera crónica literaria de la intrahistoria española contemporánea. Escritos con el estilo de la rememoración autobiográfica, tienen como tema común la vida en un pueblo manchego entrevista por la mirada curiosa e ingenua de un niño que se va convirtiendo en adolescente.

Teñidos de nostalgia e ironia, y narrados en una prosa precisa y escueta, este ciclo se cierra con la evocación de la posguerra.

Inició con " El Reinado de Witiza " (Premio de la Crítica 1968) un nuevo y sugestivo tipo de novela policiaca a la española.

Otro conjunto de relatos, *La guerra de los dos mil años*, pone de manifiesto la vena fantástica del autor.

Los últimos días de marzo del año 1939 fueron templados, pero al cerrar la noche, las calles se quedaban solas y seguro que caladas de ojos acechadores. Si afinaba el oído, se entreoían los aparatos de radio de la vecindad. En muchas casas, todavía con miedo, se escuchaban los últimos partes de guerra de las emisoras franquistas.

En los edificios ocupados por los partidos políticos y los sindicatos, estaban las luces encendidas hasta muy tarde. Luces velatorias para recoger papeles y discutir la actitud
10 última. En la UGT, instalada en la casa de la señora más rica del pueblo —tres fachadas más hacia la plaza que la nuestra—, estaban los miradores abiertos de par en par y sus luces se proyectaban en las casas fronteras.

En los trenes llegaban los milicianos derrotados, con maletas de madera, y los « monos » sucios. Se les veía calle abajo, pegados a la pared, con la valija al hombro, haciendo regates por el cansancio.

... Estábamos en la frontera de un miedo que se iba y otro que llegaba.
20   Aquellas últimas noches de la guerra, tan templadas, nos sentábamos unos cuantos amigos y vecinos en el borde de la acera, junto a la puerta de mi casa. Hablábamos en voz baja de los últimos acontecimientos. Algunos, por sus razones o dolores, se frotaban las manos de gusto. Yo, por la historia republicana de mi familia y mis propias convicciones contra toda dictadura, los escuchaba melancólico.

Abelardo el marmolista, que a los pocos meses de acabar la guerra sería Jefe Local de Falange, a eso de la una, en
30 mangas de camisa, se levantaba de la cama, se asomaba al balcón, miraba hacia uno y otro lado, bebía un trago del botijo puesto al fresco, y se volvía a las sábanas.

1939: la guerra civil terminó el 1º de Abril
templados: ni fríos ni calientes ☐ **al cerrar la noche:** noche oscura
seguro que: seguramente ☐ **caladas:** llenas ☐ **acechadores:** que
espiaban ☐ **afinaba el oído:** escuchaba con atención
todavía con miedo: que seguían teniendo miedo
partes: comunicados ☐ **emisoras:** estaciones emisoras

estaban encendidas: quedaban encendidas
velatorias: que pasan la noche sin dormir; que velan a un muerto:
aquí puede ser la agonía de sus ideales ☐ **U.G.T.:** Gran sindicato
obrero español ☐ **tres...hacia la plaza:** tres casas separaban su casa
de la nuestra ☐ **miradores:** balcones ☐ **de par en par:**
completamente ☐ **fronteras:** vecinas, colindantes
milicianos: republicanos ☐ **derrotatados:** vencidos
maletas: *valises* ☐ **monos:** uniforme azul de los republicanos
pegados: apoyados como si quisieran desaparecer ☐ **hombro:**
espalda ☐ **haciendo regates:** tratando de engañar al cansancio
miedo que se iba: el espanto de los años de guerra ☐ **otro...llegaba:**
el miedo a lo desconocido y sobre todo a las represalias de los
vencedores
unos cuantos: unos ☐ **en el borde de:** en el canto de
☒ **en voz baja**
acontecimientos: sucesos ☐ **algunos:** unos ☐ **por:** a causa de
de gusto: de lo contentos que estaban

melancólico: con melancolía
marmolista < mármol ☐ **a los meses de:** pocos meses después de...
Falange: el Movimiento de Franco ☐ **a eso de:** alrededor de
se asomaba a: salía al...
trago: porción de liquido que se bebe de una vez
botijo: vasija de barro poroso

Un poco antes solía asomarse a su ventana de la Pensíon Marquina el maestro Pedro. Con las diez o doce palabras de ruso que sabía, fue intérprete de los aviadores soviéticos, que tuvieron sus escuadrillas junto al Parque. Desde el alto recuadro de luz, decía alguna indirecta satisfactoria sobre el avance de los nacionales, y luego :

—¡ Hasta mañana « tovarisquis » !

... Y en los ratos que callábamos, se oían los acordes de la danza macabra de no recuerdo quién que tocaba al piano
10 Don Luis Quirós, « el republicano honrado ». Su casa estaba en la calle de Belén, casi a la vuelta de la esquina de la nuestra, más allá de la Marcelino. Tenía el piano en su despacho, en la planta baja, y tocaba todas las noches con la ventana abierta y la persiana caída. El piano era negro. Tenía retratos encima, y unos candelabros con velas encendidas, única luz de la habitación porque apagaba las bombillas. Algunas noches que nos asomamos tras la persiana, lo vimos sentado en la banqueta, de espaldas totalmente a la ventana, y con el pelo, medio melena
20 entrecana, sobre el cuello sport de la camisa. Durante toda la vida tocó piezas de zarzuela, y de Chopin, pero en las últimas semanas, desde que las cosas se pusieron tan torcidas, al acabar sus conciertos nocturnos y solitarios, interpretaba una danza macabra, ya digo... A ratos, dejaba las teclas y daba paseos por la habitación con las manos atrás y la barbilla inclinada. Pero al cabo, no fallaba, volvía a la música agorera.

... Pero aquella noche, dos antes del último parte de guerra, se me quedó grabada para siempre. Apenas nos
30 sentamos en el bordillo de la acera, se abrió bruscamente la ventana de la Pensión Marquina, y el maestro Pedro, en mangas de camisa, empezó a dar ¡ vivas ! a Franco, y luego,

solía : tenía costumbre de ☐ **pensión** : hotel modesto

soviéticos : ayudaron a los republicanos
tuvieron : instalaron ☐ **alto...luz** : su ventana encendida en la noche
indirecta : no decir las cosas claramente

« tovarisquis » : « camaradas » en ruso pronunciado a la española
ratos : momentos ☐ **se oían los acordes** : oíamos...
no recuerdo quién : ...quién era el compositor ⊘ <u>**tocaba**</u> **al piano** ☐
« el republicano honrado » : así lo llamaba el pueblo recalcando su
integridad ☐ **a la vuelta...esquina** : a la esquina
más allá : más lejos
despacho : cuarto donde se escribe, se lee ☐ **planta baja** ≠ los pisos
altos de la casa ☐ **caída** : cerrada
retratos : fotos de los rostros de sus familiares ☐ **velas** : bujías
habitación : cuarto ☐ **apagaba las bombillas** : apagaba la luz
nos asomamos tras... : echamos una mirada detrás de...
banqueta : asiento sin respaldo ☐ **de espaldas** ≠ frente a
medio melena entrecana : tenía el pelo bastante largo y gris
cuello sport : llevaba una camisa con el cuello abierto y sin corbata

las cosas : la situación politica ☐ **se pusieron...torcidas** : ponerse +
adj. ; torcidas : poco claras ☐ **al acabar** : cuando acababa
interpretaba : tocaba ☐ **ya digo** < decir ☐ **a ratos** : por momentos
☐ **dejaba las teclas** : paraba de tocar ☐ **daba paseos** : se paseaba
la barbilla inclinada : cabizbajo ☐ **al cabo** : al final ☐ **no fallaba** :
siempre ocurría ☐ **agorera** < agüero : presagio, augurio

se me <u>quedó</u> <u>grabada</u> : siempre la recordaré ☐ **nos sentamos** <
sentarse, pret. ☐ **bordillo** < borde ☐ **bruscamente** : súbitamente

en mangas de camisa : sin chaqueta ☐ **dar vivas** : aclamar

con el brazo en alto, a cantar el himno de la Falange. Asustados, por la puerta entreabierta de la calle, subimos a la pensión. Llamamos en su cuarto, y lleno de miedo, creyendo tal vez que fueran los soldados de Etapas, nos abrió en calzoncillos. Estaba Pedro completamente borracho, con los ojos desorbitados y el flequillo en la nariz. La habitación llena de paquetes de periódicos muy bien atados. Pretendimos tranquilizarlo, pero estaba nerviosísimo. Daba puntapiés a los paquetes de periódicos republicanos, y repetía a grito pelado lo de ¡ viva Franco ! ¡ viva Franco ! Cerramos la ventana, y con cien esfuerzos, conseguimos meterlo en la cama. Uno de los amigos le puso entre los dedos un rosario que encontró en el cajón de la mesilla, le caló un gorro de dormir que asomaba entre las sábanas, y con cara quijotil y el rosario entre manos, lo dejamos apoyado en dos altas almohadas.

Volvimos al bordillo de la acera, junto a mi puerta, y comentamos largamente el extravío nacionalista y alcohólico del maestro. La paz seguía en la calle. La Plaza totalmente desierta, y las luces de los miradores de la casa donde estaba la UGT, proyectadas en la fachada de enfrente... Sólo nos llegaban en los momentos de silencio los compases espaciados de la danza macabra que una vez más tocaba don Luis Quirós... Aquella noche ultimísima de marzo, me pareció que la tocaba con más fuerza que nunca, y no sé qué vibraciones adioseras. Tanto, que mis amigos hicieron chistes sobre él y la oportunidad de la danza para su situación. Yo, repasaba mentalmente cosas de su vida : su lema cuando se presentó a las elecciones municipales : « ¡ Votad a Quirós, el republicano honrado ! » El libro que dedicó a la memoria de Blasco Ibáñez, impreso con letras azules. Y los versos quevedescos que publicó en un

64

con el brazo en alto : saludo de los fascistas

asustados < susto, miedo □ **entreabierta** : entornada

lleno de miedo : el maestro

tal vez...fueran : concordancia

en calzoncillos : sólo llevaba la ropa interior

borracho : había bebido demasiado vino ☑ **con los ojos el flequillo** : el pelo □ **paquetes...atados** : muy bien cerrados

pretendimos : tratamos de □ **nerviosísimo** : muy nervioso

daba puntapiés : golpeaba con el pie

a grito pelado : en muy alta voz □ **lo de** : lo que decía

cien esfuerzos : cientos de esfuerzos ☑ **conseguimos meterlo** : sin prep. □ **puso** : colocó

rosario : para que reze al Señor □ **cajón** : *tiroir* □ **mesilla** : mesita de noche □ **le caló...dormir** : al ponerle el gorro ya casi no se le veían los ojos □ **quijotil** : cf. las ilustraciones de Don Quijote de la Mancha en la cama □ **apoyado** : acomodado, instalado

largamente : detenidamente □ **extravío** : desvío, pequeña locura

seguía < seguir

☑ **desierta** ≠ desértica

U.G.T. : Unión general de trabajadores □ **de enfrente** : de la casa de enfrente □ **sólo** : tan sólo

compases : períodos de tiempo en el ritmo de una frase musical □

una vez más tocaba : tocaba de nuevo □ **ultimísima** : la última

la : la danza macabra □ **fuerza** : ánimo, convicción

no sé qué vibraciones : no sé con qué... □ **adiosera** < adiós

chistes : bromas □ **oportunidad** : conveniencia

repasaba : recordaba □ **mentalmente** : para mis adentros

lema : divisa

☑ **votad a** : votad por □ **el libro** : el maestro había escrito un libro

Blasco Ibáñez : escritor valenciano (1867-1928) □ **impreso** < imprimir □ **quevedescos** < Quevedo : autor satírico

programa de festejos satirizando a los guarros que hacían aguas en la trasera de la iglesia, junto al pretil. El día 14 de abril lo vi entrar en el Ayuntamiento con su chalina, sombrero ancho y los brazos abiertos como para abrazar a la República que, pensaba yo, bajaría a recibirlo por aquella escalera de mármol tan pulido. En los inviernos llevaba capa. Y muchas veces, desde el balcón de casa, lo vi hablar con mi padre en la esquina de la confitería, accionando mucho con sus brazos cortos... Seguro que
10 aquella noche que digo, a papá, también desvelado, debían llegarle los legajos acordes de la última danza macabra que tocaba su amigo Quirós.

... Y cuando nos disponíamos a ir a dormir, en uno de los balcones fronteros, pero recién pasada la calle del Monte, precisamente donde estaba la Cruz Roja, encima de la peluquería de Canuto, se oyó a alguien hablar en voz alta. La persiana echada impedía ver a los dialogantes... mejor al monologante, pero yo bien que lo conocí. Era Vergara, el que antes de la guerra fue camarero del Bar Medina y
20 luego mandamás de la CNT. Pequeño y delgado, lo recordaba con la chaquetilla blanca sirviendo en la terraza del bar cañas de cerveza ; y luego de « mono », con el fusil al hombro que le venía larguísimo, las cartucheras colgadas y el brazalete rojo y negro de su sindicato. Después, avanzada la guerra, lo perdí de vista. Debió irse al frente... Pero desde dos o tres días antes de aquella noche que cuento, lo sorprendí algunas veces asomado al balcón de la Cruz Roja, con la cara muy pálida y canas en las sienes.

Nos callamos, para poder oír lo que decía —casi
30 voceaba— con voz tensa y defensiva :

—« Yo no he hecho nada malo. He tenido mis ideas como todo el mundo y he procurado defenderlas honradamente,

festejos: fiestas del pueblo □ **guarros:** gente muy sucia □ **hacían aguas:** orinaban □ **la trasera:** detrás □ **pretil:** *parapet*

Ayuntamiento: donde trabaja el Concejo municipal □ **chalina:** bufanda □ **ancho:** grande, de ala ancha □ **bajaría a:** verb. de mvt. + a = verb. de mvt. + para

escalera: escaleras □ **pulido:** liso

llevaba: se ponía □ **muchas veces:** a menudo

confitería: tienda donde se venden los dulces

accionando: haciendo ademanes, gesticulando

que digo: de la que estoy hablando □ **desvelado:** no podía dormir □ **debían llegarle:** a papá... □ **legajos:** paquetes de notas □ **acordes:** armoniosos

ir a dormir: ir a acostarnos, a la cama

fronteros: de enfrente □ **recién pasada:** apenas haber pasado

precisamente: justo □ **encima de:** en el primer piso de la casa

peluquería < peluquero: el que lava y corta el pelo

monologante: el que habla solo □ **bien que:** sí que

fue camarero: servía, era mozo

mandamás: gran jefe □ **C.N.T.:** otro gran sindicato español

recordaba: me acordaba de él □ **chaquetilla** < chaqueta

cañas: vasos □ **cerveza:** los alemanes beben mucha ⊠ **de mono:** llevando el uniforme □ **le venía larguísimo:** disproporción entre el hombre pequeño y el fusil grande

avanzada la guerra: en plena guerra □ **lo perdí de vista:** ya no lo ví

sorprendí: ví por casualidad

con la cara pálida: macilenta □ **canas:** pelo gris

nos callamos: enmudecimos

voceaba: gritaba, daba voces □ **tensa:** angustiada

nada malo ≠ nada bien

honradamente: con honestidad

dentro del clima propio de una guerra civil... que ni iniciamos nosotros. Nada me pueden hacer... Y por eso me quedo en mi pueblo. »

Mis amigos, en voz baja, comentaron sarcásticamente las palabras de Vergara :

—« Qué infeliz. Y que no ha hecho nada. Verás la que le espera. »

—« Yo he sido un cenetista honrado —seguía— que sólo luché por la justicia social, por el bien de los trabajadores, 10 y cualquier medida contra mí sería una injusticia. »

No sé por qué me lo imaginaba con la chaquetilla blanca de camarero, con la bandeja en la mano llena de cervezas, y echando muy serio aquel discurso a un corro de señoritos cachondos sentados en la terraza del Bar Medina, el que estuvo donde luego La Madrileña.

—« Yo he luchado por el bien de mi país y de los de mi clase. Si hemos perdido la guerra, no es delito. Cada cual en su bando hizo lo que pudo para ganarla. Tan españoles éramos los de aquí como los del otro bando. Nada pueden 20 hacerme. Por eso no me voy, me quedo en el pueblo. »

—Mejor, así no habrá que buscarte, chato —dijo mi amigo, el gordo, frotándose las manos.

Los escuchadores de Vergara, los que fueren, no le respondían, o sus respuestas no llegaban a nosotros. De rato en rato hacía un silencio, hasta que volvía a tomar la palabra para convencerles... o convencerse a sí mismo de que no debía marcharse.

En uno de sus silencios, se asomó al balcón, con un jersey oscuro, y escupió a la calle.
30

Cuando marcharon mis amigos, estuve un rato asomado a la ventana de mi alcoba, pero ya no lo oí más.

propio : característico □ **ni** : ni siquiera

iniciamos : empezamos □ **por eso** : por eso es por lo que

me quedo : permanezco

☑ **en voz baja** □ **sarcásticamente** < sarcástico : burlón, mordaz

☑ **infeliz** : desgraciado □ **y que no...** : dice que no... □ **verás** : ya

veréis ☑ **la que le espera** : lo que le va a pasar

cenetista : miembro de la C.N.T. □ **seguía** : seguía diciendo □ **sólo** :

únicamente □ **luché** : combatí □ **por** : en nombre de...

cualquier : poco importa la... □ **medida** : disposición, decisión

imaginaba : representaba

bandeja : le permite al camarero llevar muchos vasos, botellas...

echando...aquel discurso : lanzando... □ **serio** : con mucha gravedad

□ **corro** : grupo □ **cachondos** : burlones que se reían mucho y de

todo □ **donde luego** : donde se edificó luego □ **La Madrileña** :

nombre del nuevo bar □ **de los** : el bien de la gente

delito : crimen □ **cada cual** : cada uno

bando : partido □ **lo que** : cuanto □ **tan españoles éramos** : éramos

tan españoles □ **los de aquí** : los republicanos

mejor : más vale así □ **no habrá que** : no se tendrá que □ **chato** :

querido, guapo, palabra cariñosa, pero aquí, irónica

escuchadores : público □ **los que fueren** : poco importa los que

fueran

a : hasta □ **de rato en rato** : de vez en cuando □ **hacía un silencio** :

se callaba ☑ **sí mismo** : reflexivo ☑ **convencerse de que...**

debía marcharse : tenía que irse

en : durante

escupió : arrojó su saliva con violencia □ **a** : movimiento hacia

marcharon : se fueron □ **estuve...asomado** : me quedé...asomado

alcoba : dormitorio □ **ya no lo oí más** : ya no lo volví a oír

Yo no había hablado nunca con Vergara. Era casi un niño cuando empezó la guerra, y él, hombre hecho y derecho, no debía conocerme. Durante el tiempo de la guerra que estuvo en el pueblo, lo veía de lejos, siempre pensando en sus cosas, o dialogando muy de prisa y con ademanes enérgicos.

De pronto me llegó la idea de bajar, cruzarme a la Cruz Roja, y aconsejarle que se marchase del pueblo y de España, como estaban haciendo otros, según tenía oído... Pero no me atreví. No me haría caso, tan obseso como parecía por 10 su monólogo.

—«Tú, chaval, vete a dormir. ¿ Qué sabes de eso ? » — podría decirme.

Como es frecuente, decidí lo más cómodo. Decírselo a mi padre, que sí lo conocía, para que lo visitase y le quitara de la cabeza la idea de quedarse. Aún había tiempo.

Pero al día siguiente, cuando me desperté, papá ya se había marchado a la fábrica.

Me asomé a la ventana, y el balcón de la Cruz Roja estaba cerrado.

20 Por las calles, ya se veían ir y venir gentes muy de derechas, sonriendo, hablando en voz baja en las esquinas y puertas entreabiertas.

Cuando papá vino a comer se lo conté todo.

—Son unos ilusos... Somos. Lo fuimos siempre. Ya no hay tiempo para nada. A estas horas, las tropas nacionales están entrando en Madrid. Del mismo tema hablé esta mañana con Luis Quirós. Tampoco ha querido marcharse. Se ha creído lo de la justicia de Franco.

30 Dos días después, a eso de las nueve, por la ventana entreabierta de mi cuarto oí llantos de mujeres. Me tiré de la cama y empujé la persiana. Unos hombres con camisas

no había hablado nunca : nunca había hablado

empezó la guerra : en 1936 □ **hecho y derecho :** adulto

estuvo : pasó

lo veía : consideraba la guerra □ **de lejos :** con cierta distancia

de prisa : rápidamente □ **ademanes :** manoteos

de pronto : de repente □ **me llegó la idea de** + inf. : se me ocurrió + inf. □ **aconsejarle que se marchase :** aconsejar que + subj. ; consejo □ **según :** conforme □ **tenía oído :** tener + p.p. : haber + p.p. : había oído □ **me atreví :** tuve el valor, me animé □ **haría caso :** prestaría atención □ **obseso por su monólogo :** obsesionado con su monólogo □ **chaval :** muchacho, joven □ **vete** < irse

es frecuente : se suele hacer ☑ **decírselo :** compl. ind., compl. dir. 3ª pers. sing. □ **que si lo conocía :** mi padre él, lo conocía □ **para que...le quitara...quedarse :** que mi padre le convenciera para que se marchara ☑ **al día siguiente** □ **cuando me desperté :** al despertarme □ **se había marchado :** se había ido

me asomé a < asomarse a : mirar por

cerrado < cerrar : cierro, cierras, etc.

por las calles : desplazamiento por un lugar □ **ir y venir :** el vaivén □ **de derechas :** derechistas, franquistas ≠ de izquierdas : izquierdistas, republicanos □ **entreabiertas :** entornadas

vino < venir, pret. : vine, viniste... ☑ **se lo conté todo :** todo : compl. dir. □ **ilusos :** cándidos □ **lo fuimos :** fuimos unos ilusos

hay : queda □ **a estas horas :** ahora □ **nacionales :** franquistas

Madrid : la última ciudad en rendirse

tampoco ha querido : no ha querido tampoco

se ha creído < creerse □ **lo de la justicia :** las vanas promesas de justicia

a eso de : alrededor de

llantos : lloros

camisas azules : uniforme franquista

71

azules y fusiles en ristre sacaban a empujones a Vergara de la Cruz Roja. Echaron a andar. Vergara iba entre los cuatro que lo llevaban muy de prisa, y con unos fusiles manejados de cualquier manera, como palos.

Unos cuantos que formaban corrillo en la esquina de Compte, le dijeron no sé qué chuladas al verlo pasar. El, con el jersey oscuro, las manos en los bolsillos de los pantalones y mirando al frente, no se inmutó.

...Minutos después, era don Luis Quirós el que en mangas 10 de camisa y despeinado, pasaba ante la misma esquina entre otros cuatro nacionales. Los del corrillo de la esquina le dijeron otra chulería.

En los días inmediatos, echaron a la familia de Vergara de la Cruz Roja. Ya enlutada, vi salir a su mujer con maletas viejas y unas botas altas en las manos.

La misma semana, también de luto, en el coche de un amigo, la familia de Luis Quirós dejó su casa para siempre, camino de Argamasilla donde tenían parientes.

en ristre: dispuestos a disparar □ **a empujones**: brúscamente
echaron a: se pusieron a
muy de prisa: a toda prisa □ **manejados**: utilizados
palos: pedazos de madera
corrillo < corro: pequeño circulo
dijeron: decir, pret.: dije, dijiste, dijo □ **chuladas**: groserías

al frente: todo recto □ **no se inmutó**: no se impresionó
☑ **minutos**: sin artículo ☑ <u>**era don Luis el que**</u>
despeinado: mal peinado < peine □ **ante**: delante de
nacionales: soldados franquistas □ **los**: hombres
chulería: palabra graciosa e irónica

inmediatos: siguientes □ **echaron**: hicieron salir
enlutada: vestida de negro; de luto
botas altas: las de su marido
de luto: vestida de negro por la muerte de un familiar
dejó: abandonó, se fue de
camino de: hacia, con rumbo a □ **parientes**: familia ≠ padres

Grammaire au fil des nouvelles

Traduisez les phrases suivantes inspirées du texte (le premier chiffre renvoie aux pages, les suivants aux lignes) :

Si *on* tendait l'oreille, *on* entendait vaguement les postes de radio. (60 - 3,4).

Nous *parlions à voix basse* des derniers événements. (compl. de manière, 60 - 22).

Peu de mois après *la fin de la guerre* il serait le chef de la Phalange. (compl. de temps ; infinitif subst., 60 - 28).

Il jouait du piano la *fenêtre ouverte.* (62 - 13).

Nous *parvînmes* à le mettre au lit. (64 - 11).

Elle *descendrait* le *recevoir.* (verbe de mouvement +*a*, 66 -5).

Sûr que ces accords devaient arriver jusqu'*à mon père.* (dat. d'intérêt, 66 - 11).

Je n'ai *rien* fait *de* mal. (66 - 31).

J'ai *essayé de les* défendre. (*procurar* + inf., 66 - 32).

C'est pour cela que je reste au village. (" c'est...que ", " que ", 68 - 2).

C'était don Luis Quiros *qui* passait en manches de chemise. (72 - 9).

Je ne sais *pourquoi* je me l'imaginais *le plateau à la main.* (interr. indirect., 68 - 11 ; compl. d'attidude, 68 - 12).

Nous les gens d'ici étions *tout* aussi espagnols *que* ceux de l'autre camp. (compl. d'égalité, 68 - 19).

Ils *commencèrent* à marcher. (72 - 2).

J. *Fernández Santos*

MUY LEJOS DE MADRID

Nació en Madrid en 1926. Estudió filosofía y letras. Fue director y actor en el T.E.U.

Su novela *Los Bravos* (1954) es considerada como básica en esta última generación de narradores.

Desde el realismo de los relatos de *Cabeza rapada* (1958) hasta la renovación formal de las narraciones incluidas en *Las catedrales* y *Paraíso encerrado* estilo y contenido se funden en una prosa que discurre la mayoría de las veces por la vía del subjetivismo intimista y que utiliza enfoques tradicionales y técnicas innovadoras.

En *Cuentos completos*, la perspectiva puramente literaria, el modo de contar, los temas argumentales, la caracterización de los personajes y el desarrollo de las situaciones configuran un universo de creación plenamente autónomo. Se dice de él "un espeleólogo del subconsciente". El autor ha intuido el doble aspecto del pueblo como "parado sin tiempo" y su situación "de paso".

El horizonte se iluminó súbitamente. Vino en la brisa el rumor parecido al crepitar de un fuego, y, como todas las noches, se extendió poco a poco señalando la lejana línea del frente.

El chico se incorporó en la almohada, llamando :

— Mamá, ¿ no oyes ?

— Duérmete—. La voz llegó como un susurro desde la habitación contigua.

— ¿ No oyes nada ?

— Vas a despertar a tu hermano.

— ¿ Me dejas que vaya ahí ?

— No.

— Ven tú aquí, entonces.

— Estate quieto, ya verás cómo te duermes.

El chico intentó cerrar los ojos, pero aun así, aquel fragor lejano le asustaba. De buen grado se hubiera cambiado por el hermano. Bien tranquilo dormía, mientras a él le tocaba pasar su miedo, solo, frente a la ventana abierta.

Habían llegado muy de mañana, en el autobús, con el resto de la colonia que la guerra sorprendió a mitad del veraneo. Desde que el frente cortó el ferrocarril, dejando en la otra zona al padre, los tres —la madre y los dos hijos— iban retrocediendo, alejándose más, acatando las órdenes de evacuar. Los días pasaban en procesión fugaz, como los pueblos, los trenes cargados de soldados, los nuevos jefes de control que cada mañana conocían. Aldeas blancas, solas. Ancianos impasibles, niños desconocidos, mirando sin saludar, sentados a horcajadas en las arribas de la carretera. Las llanuras, los ardientes páramos, ondulaban al paso del convoy, quedando atrás, apenas entrevistas. Iglesias asoladas, fuentes que aún desgranaban solitarias su fluir silencioso, y por encima de todas las cosas, el silencio

súbitamente : de repente □ **vino** < venir : vine, viniste...

☑ **el rumor** □ **parecido, (a) :** semejante □ **el crepitar :** inf. subs.

se extendió...poco : fue extendiéndose (ir + ger.) □ **lejana** < lejos

≠ cerca □ **el frente :** (en el combate) ≠ la frente (en la cara)

se incorporó : estaba acostado y se sentó

Duérmete ≠ no te duermas □ **susurro :** murmullo, murmurar

habitación : dormitorio □ **contigua :** vecina

no oyes nada : nada oyes

vas a despertar : "a" después de verb. de mvt. ; despertar >

despierto ≠ duermo □ **dejas :** permites que + subj. □ **ahí :** al cuarto

de la madre

ven : imper. irr. de ir □ **aquí :** a mi cuarto □ **entonces :** en tal caso

estáte quieto : no te muevas □ **te duermes** < dormirse

intentó cerrar : procuró cerrar, trató de cerrar □ **aun :** incluso □

fragor : ruido prolongado y resonante □ **asustaba :** daba miedo □

de buen grado...hermano : hubiera querido ser su hermano □

tranquilo : sosegado □ **mientras :** cuando □ **a él le tocaba :** él tenía

que pasar, aguantar, soportar □ **abierta** < abrir ≠ cerrar □ **muy**

de mañana : en la madrugada, muy temprano □ **colonia :** conjunto

de chalets para pasar el fin de semana □ **veraneo :** vacaciones de

verano □ **el ferrocarril :** la vía del tren □ **dejando :** abandonando

iban retrocediendo : ir + gér., caminando hacia atrás □ **alejándose**

< lejos □ **acatando :** obedeciendo ☑ **las órdenes** ≠ el orden □ **fugaz :**

fugitivo □ **como... :** así como pasaban □ **cargados** ≠ vacíos □ **cada**

mañana : todas las mañanas □ **aldeas :** pueblecitos □ **solas :**

aisladas □ **ancianos** (subst.) : viejos □ **desconocidos :** anónimos □

mirando : que estaban mirando □ **a horcajadas :** *a califourchon* □

las arribas : terreno que domina la carretera □ **llanuras :** paisaje sin

el menor relieve □ **páramos :** tierras rasas, desabrigadas □ **convoy :**

grupo de civiles o militares □ **asoladas :** destruidas □ **fluir**

silencioso : el agua corre sin ruido

de los hombres, su gesto hostil, desconfiado; el miedo de la guerra.

Y con el miedo la excitación, lo inesperado cada día, el encierro de la ciudad salvado para siempre, un constante vagar entre campiñas nuevas, a punto de sazón, rodando desde que el sol se alzaba, hasta verlo caer tras las montañas.

Hubo un pueblo como el que soñó siempre, cada vez que leía en invierno historias de batallas, un pueblo cercado, con
10 su viejo castillo de ventanas vacías, y muralla roída por el sol, trepando ladera arriba hasta abrazar los antiguos caseríos.

Sólo cuando las tinieblas se iban acercando, llegaba la tristeza y la melancolía de la noche lejos del hogar, lejos de casa. De bruces sobre el colchón cerca del hermano, se dormía al instante, pero, a poco, despertaba llamando a la madre.

— Mamá.

— ¿Qué quieres?
20 — No tengo sueño.

La madre no respondió, pero ella también debía velar, porque en su alcoba, las baldosas crujieron.

— ¿Estás levantada?

— Calla...

— Es que tengo sed. ¿Me traes un poco de agua?

— No hay...

— Tengo miedo.

— Duérmete. Ya mañana nos vamos...

Nuevos disparos vinieron a acongojarle de nuevo,
30 trayéndole el recuerdo de su padre.

¿Estaría en Madrid aún? Recordaba ahora su semblante hosco, entrando en casa cada noche, sus largos silencios en

hostil: agresivo □ **desconfiado:** que no se fía de nadie

excitación: agitación □ **lo inesperado:** (lo + adj. neutr.) lo que no se espera □ **encierro** < encerrar □ **salvado:** pasado □ **un...vagar:** un errar (inf. subst.) □ **campiñas:** campos □ **a punto de sazón:** los cereales están ya maduros (por ej.) □ **rodando:** los carros iban avanzando □ **se alzaba:** salía □ **caer:** desaparecer □ **tras:** detrás de las... □ **hubo** < hay □ **soñó** < soñar □ **cada vez:** todas las veces
cercado: sitiado por el enemigo

☑ **castillo de ventanas vacías:** sin cristales □ **roída:** comida
trepando ladera arriba: subiendo la pendiente □ **abrazar:** ceñir □
antiguos: viejos □ **caseríos:** conjunto de casas
las tinieblas: la oscuridad □ **acercando:** aproximando
lejos ≠ cerca □ **hogar:** casa
de bruces: acostado boca abajo □ **colchón:** *matelas*
a poco: poco tiempo después, al rato □ **despertaba** < despertar
☑ **llamando a la madre:** (c.d. de pers. → a)

¿Qué quieres?: ¿Qué pasa?
no tengo sueño: no puedo dormirme
debía velar: deber + inf. (suposición); velar: no dormir por la noche □ **alcoba:** cuarto □ **las baldosas crujieron:** el suelo hizo ruido □ **levantada** ≠ acostada
calla: (es una orden): no hables
tengo sed: quiero beber □ **traes** < traer: traigo...trae

tengo miedo: estoy asustado □ **duérmete** < dormir (imper.)
Ya: por fin □ **nos vamos:** nos marchamos
disparos: explosiones, tiroteos □ **acongojarle:** angustiarle
trayéndole el recuerdo de < traer; recordándole a...
aún: todavía □ **recordaba su...:** se acordaba de su... □ **semblante:** cara □ **hosco:** áspero, intratable □ **largos** ≠ cortos

la mesa, sus respuestas lacónicas.

Las disputas le hacían desvelarse a medianoche. Alzando la cabeza de la almohada, encontraba al hermano despierto ya.

— ¿ Qué pasa, Antonio ?

— Duérmete, anda...

Siempre la dichosa palabra. Parecía que su única misión en la familia fuera dormir eternamente.

— Están riñendo —insistía.

10 — Tú ¿ qué sabes ?

Se hacía el silencio y a poco llegaba la madre, entreabriendo con sigilo la puerta de la alcoba. Los dos quedaban inmóviles, entornando los ojos.

Meses después el padre bajó a despedirles, prometiendo en la estación que pasaría a visitarles cada domingo. La madre, a medio verano, cansada de esperar, decidió cierto día llamarle por teléfono. Volvió llorando, lo recordaba bien.

En los días que siguieron, antes de julio, el cartero se 20 detenía ante la terraza.

— No hay nada, señora.

Y acompañaba siempre a sus palabras un vago ademán de la mano como un saludo.

Frente a la casa, los relámpagos del frente apenas se distinguen en la claridad que nace.

— Mamá... Está amaneciendo. ¿Cuándo vamos a Madrid ?

— No se puede.

30 — ¿ No se puede ver a papá ?

— No se puede pasar.

— ¿ Ni por aquí, por el monte ?

en la mesa: cuando cenaban □ **lacónicas**: breves, secas
disputas: discusiones □ **desvelarse**: no poder dormirse □ **alzando**:
levantando □ **la almohada**: para descansar la cabeza en la cama
□ **despierto** < despertar □ **ya**: en ese momento
pasa: sucede, ocurre
anda: interj. para animar, impulsar
dichosa: maldita, porque siempre la misma
fuera: era □ **eternamente** < eterno, a
riñendo < reñir: riño, riñes,...; pelear, discutir
¿qué sabes? < saber: sé, sabes...; tú no sabes nada
se hacía: volvía
entreabriendo: abriendo un poquito □ **sigilo**: silencio, discreción
□ **los dos**: ambos ☑ **inmóviles** □ **entornando**: cerrando a medias
bajó: vino □ **despedirles**: decirles adiós
estación: de tren ☑ **pasaría a visitarles**: pasar a (verb. de mvt.)
a medio verano: a la mitad del... □ **cansada de esperar**: ya no
podía... □ **decidió...llamarle**: decidir + inf. □ **volvió**: regresó □
recordaba: el niño se acordaba bien de esta escena
siguieron < seguir: seguí, seguiste, siguió... □ **cartero**: el que trae
las cartas □ **detenía**: paraba □ **ante la...**: frente a la...
no hay nada: ninguna carta para Usted
vago: impreciso, indefinido □ **ademán**: movimiento de la mano

relámpagos: resplandores vivísimos e instantáneos

está amaneciendo: está saliendo el sol (estar + ger.)

se puede: podemos
no se puede: repetición de la estructura: tono impersonal,
autoritario
ni por aquí: ni siquiera □ **por**: mvt. a través de un lugar

— Por el monte, menos todavía...

— Ayer, en la estación, estaban diciendo que un hombre se había pasado, por esta montaña... Oye mamá...

— ¿Qué quieres?

— ¿Dónde van?

— ¿Quiénes?

— Los que pasan.

— A Madrid. ¡Qué sé yo!

— ¿Para qué van a Madrid?

10 — A ver a sus familias. A los que quedaron allí. No sé... ¿Por qué lo preguntas?

— ¿Por qué no nos vamos también nosotros?

Un rumor de motores viene del campo. El chico mira desde el alféizar. Cerca de la estación hay luces que caminan abriéndose paso en la niebla que vuela disipándose.

— Mamá, ¿no oyes?

— Sí. Son coches.

— ¿Vienen por nosotros?

— Puede ser...

20 — ¿Nos vamos a Segovia?

— Donde nos lleven, hijo.

— Oye mamá; son camiones.

— Métete en la cama. Vas a coger frío.

El chico vuelve al lecho. La caravana sigue acercándose. Ahora debe pasar el cruce, junto al depósito de las locomotoras.

— ¿Por qué no está papá aquí?

— No pudo venir.

— Pero los otros sí venían.

30 — ¿Qué otros?

— Los de Antonio y Julito y Manolo.

— Tu padre trabaja mucho. Tiene mucho que hacer.

menos todavía : es aún menos posible
ayer : hoy, mañana : 3 fases en la cronología
oye < oír (imper.) : escucha

☑ **¿ Dónde van ?** : ¿ a dónde van ?, acent. en palabra inter.
¿ Quiénes ? : plural de quien

¡ Qué sé yo ! : ¿ Cómo lo voy a saber ?
¿ Para qué van ? : para qué + indic. = ¿ por qué ? ≠ para que + subj.
A ver : s.e. : van a ver
preguntas < preguntar ≠ pedir

alféizar : *rebord de la fenêtre*
abriéndose < abrir : ger. > énclisis ☐ **niebla** : nube en contacto con
la tierra ☐ **vuela** < volar
☑ **Son coches** : ser + subst.
por nosotros : a buscarnos

Segovia : ciudad castellana a unos 80 kms de Madrid
lleven < llevar, subj. : duda, incertidumbre

Métete < meterse ; acuéstate ☐ **coger frío** : enfriarte
vuelve < volver : regresar ☐ **lecho** : cama ☐ **sigue acercándose** :
seguir + ger. ☐ **debe pasar** : estará pasando (deber + inf.) ☐ **junto
al** : al lado del ☐ **locomotoras** : máquinas que arrastran a los
vagones del tren ☐ **aquí** : el niño quiere decir " con nosotros "
pudo < poder, preter., tono categórico
sí : afirmación ≠ si, condición

Los de : los padres de...
☑ **mucho <u>que</u> hacer**

— Ahora ya no va a venir. No puede venir. No quiere vernos.

— No digas eso.

— ¿Por qué no está aquí entonces? Es que tampoco quiere verte a ti.

— No digas eso nunca.

— ¿Por qué?

— Porque es tu padre.

— Los otros venían los sábados y marchaban el lunes.
10 Todos los sábados...

— El tiene mucho que hacer.

— ¿También los domingos?

— También.

— Es mentira.

— Cállate.

En el viento frío, con olor a jara quemada, llegan breves retazos de órdenes y una voz de mando prolongada, confundida en el latir de los motores.

— Mamá —llama el chico en voz más queda—, viene
20 mucha gente.

— ¿A la estación?

— En los coches. Soldados... ¿Nos vamos a Madrid, ahora?

La madre no responde.

— ¿Nos vamos a Madrid? ¿Cuándo?

— Dentro de unos días. Cuando pase esto.

— ¿Y si no pasa?

La columna está tan cerca que su estrépito borra las palabras, mientras desfila al pie de la ventana. Sus luces
30 amortiguadas, iluminando sólo un pequeño espacio ante las ruedas, parecen perseguirse pacientemente, hundiéndose en las primeras estribaciones de la sierra. Tan sólo un coche,

ya no va a venir : ya no vendrá, nunca más vendrá

no digas < decir ; no + subj. pr. : prohibición
entonces : en tal caso, siendo así ; saca una consecuencia □ **es que** :
es porque ☒ **verte <u>a ti</u>** : insistencia
no digas...nunca : doble negación ; nunca : jamás

☒ **<u>los</u> sábados** : cada sábado □ **marchaban** : se iban

tiene mucho : tiene muchas cosas

también : incluso
es mentira ≠ es verdad
cállate < callarse ; no hables más
frío ≠ caliente □ **olor a jara quemada** : los arbustos quemados por
el incendio olían ☒ **brev<u>e</u>s** (masc. y fem.) □ **retazos** : fragmentos □
de mando : que daba órdenes □ **el latir** < los latidos del corazón
queda : suave, tranquila

responde : contesta (☒ la respuesta)

dentro de unos días : dentro de + compl. de tiempo □ **Cuando pase** :
cuando + subj. pr. expres. del fut. □ **no pasa** : no acaba, no termina
☒**columna** □ **estrépito** : ruido, estruendo □ **borra** : hace desaparecer
mientras : durante el tiempo en que
amortiguadas : atenuadas □ **ante** : delante de
hundiéndose < hundir ; perdiéndose
estribaciones : ondulaciones, relieves □ **tan sólo** : apenas

queda rezagado. Se detiene. Aunque es distinto al de los otros días, el chico le reconoce.

— Mamá, ya están aquí. Ya vienen a buscarnos. ¿ A dónde vamos hoy?

— ¿ Yo qué sé? A donde nos lleven.

— ¿ Por qué lloras?

— No estoy llorando.

Y era verdad. Miraba hacia Madrid tan lejos, apenas entrevisto más allá de la niebla, con los ojos del color de la
10 ira y los labios furiosos, apretados.

queda rezagado : permanece atrás □ **detiene :** para, inmoviliza □
distinto al : diferente del coche de...
ya : por fin □ **vienen a buscarnos :** nos van a llevar de aquí

¿ yo qué sé? : insistencia del yo □ **lleven :** 3ª pers. plur. = *on*
indefinido □ **lloras** < llora « a lágrima viva »
no estoy llorando : hasta el final la madre disimula sus sentimientos
hacia Madrid : hacia/hasta □ **tan lejos :** tan + adv. ; tanto + subst.
entrevisto < entrever □ **más allá :** de la otra parte ⊠ **del color :** el
color □ **ira :** rabia, cólera □ **apretado** < apretar : cerrar muy fuerte

Grammaire au fil des nouvelles

Traduisez les phrases suivantes inspirées du texte (le premier chiffre renvoie aux pages, les suivants aux lignes) :

Endors-toi. Mets-toi dans *ton* lit. Reste tranquille. (impératif → enclise, 76 - 7,14 ; adj. poss. traduit par pr. indir., 82 - 23).

Tu me *laisses y aller*. (*dejar que* + subj., 76 - 11).

Le garçon *essaya de fermer* les yeux. (*intentar* + inf., 76 - 15).

C'*était à lui d'avoir* peur. (*a mí* me toca + inf., 76 - 17).

***Peu à peu,* tous trois, la mère et les deux enfants, *reculaient,* s'éloignant davantage.** (*ir* + gér., 76 - 22,23).

Chaque jour, c'était la peur, l'inattendu. (*lo* + neutre, 78 - 3).

Il *se souvenait* maintenant *de* son visage renfrogné. (*recordar*, 78 - 30).

Il trouvait son frère réveillé. (*a* devant c.o.d. de pers., 80 - 3).

Que *se passe-t-il* ? (*pasar, suceder*, 80 - 5).

Il semblait que sa seule mission *fût de dormir*. (subjonctif après verbe d'opinion > c.d.t. ; infinitif sujet ou attribut sans prép., 80 - 7).

Le père *descendit* prendre congé d'eux. (*a* après verbe de mouvement, 80 - 14).

Au milieu de l'été la mère *décida de lui téléphoner*. (*decidir* + inf., 80 - 16).

***On* ne peut pas passer. *On* vient nous chercher.** (*se* + 3e pers. sing., 80 - 31 ; 3e pers. plur., 82 - 18).

La caravane *continue à s'approcher*. (*seguir* + gér., 82 - 24).

Il *a* beaucoup *à* faire. (*tener...que* + inf., 82 - 32).

***Ne dis* pas cela.** (expression de la défense → subj. pr., 84 - 3).

Les autres venaient *le* samedi et s'en allaient *le* lundi. (84 - 9).

Nous irons à Madrid quand tout cela passera. (expression du futur dans la subord. temp. : *cuando* + subj. pr., 84 - 26).

Nous irons là *où ils nous emmèneront*. (expression du futur dans une relative → subj. prés., 86 - 5).

Carmen Martín Gaite

RETIRADA

Nace en Salamanca en 1925. En 1949 se trasladó a Madrid para llevar a término el doctorado. Su nombre llega a la fama al ser galardonada su novela *Entre visillos*, con el Premio Eugenio Nadal, 1957. Los tipos humanos están matizados con arte exquisito pero también con profunda fuerza dramática.

Pasa por ser una de las voces más originales de la narrativa española contemporánea: el desgaste de la cotidianidad y la rutina, las primeras decepciones infantiles, la incomunicación, el desacuerdo entre lo que se hace y lo que se sueña, el miedo a la libertad. Según la autora estos temas "remiten al eterno problema del sufrimiento humano, perdido en el seno de una sociedad que le es hostil y en la que se ve obligado a insertarse".

Algunas tardes, volver del parque por la calle empinada, a sol depuesto, era como volver de una escaramuza inútil y totalmente exenta de grandeza, a la zaga de un ejército rebelde y descontento que se había alzado alevosamente con el mando, sentir barro y añicos las arengas triunfales. Y en la retirada a cuarteles de aquella tarde de marzo, cuya repetida y engañosa tibieza había vuelto por centésima vez a seducirla y encandilarla, casi odiaba no sólo el estandarte hecho ahora jirones donde ella misma se empeñó en bordar
10 con letras de oro la palabra primavera, sino principalmente a los soldados sumidos en el caos y la indisciplina para quienes había enarbolado sólo tres horas antes el estandarte aquel. Odiaba, sí, la belleza y el descaro de aquellos dos reclutas provocativos, intrépidos y burlones que la precedían dando saltos de través sobre los adoquines desiguales de la calzada —« imbo-cachimbo-ganso-descanso... piripí-gloria-piripí-descanso... ganso-cachimbo-imbo y afuera »—, abriendo y cerrando las piernas al son de aquel himno disparatado y jeroglífico,
20 desafiando las leyes del equilibrio y de la gravedad que deben presidir cualquier desfile acompasado, osando ignorar la consistencia de los transeúntes contra los que se tropezaban, aquel insoportable y denso caldo de vocerío y de sudor que emanaban los cuerpos enquistados en plena calle, en plena tarde, tan presentes e insoslayables que su evidencia era una puñalada, por favor, pero ¿ cómo no verlos ?, era como no ver los coches, las esquinas y paredes, las fruterías que aún no habían echado el cierre, y ahora no, pero luego en seguida tendría que bajar, patatas no
30 quedaron ; qué más querría ella que olvidarse de si quedaron o no quedaron patatas, dejar de ver el habitual muestrario de colores, formas y volúmenes que se lo traía

volver : regresar □ **empinada** : de fuerte pendiente ≠ suave...
a sol depuesto : al anochecer □ **escaramuza** : pequeño combate
exenta de : sin □ **grandeza** : mérito □ **a la zaga de** : detrás de
alzado : sublevado □ **alevosamente** : traicionando
mando : poder □ **sentir** : era como sentir □ **añicos** : hacer... destruir
retirada : cuando los soldados se retiran □ **cuarteles** : *casernes*
engañosa : falsa □ **tibieza** : ni frío ni calor
seducirla : <u>la</u>, la protagonista □ **encandilarla** : deslumbrarla
jirones : pedazos, trozos ⊠ **se empeñó en bordar** : se obstinó en...
⊠ **de oro**
a los soldados : odiaba a... □ **sumidos** : sumergidos : □ **caos** :
desorden □ **quienes** : los soldados □ **enarbolado** : izado □ **sólo** :
apenas □ **estandarte aquel** : aquel estandarte □ **descaro** : insolencia
reclutas : soldados □ **intrépidos** ≠ cobardes □ **burlones** < burla
dando saltos : saltando □ **adoquines** : *pavés* □ **desiguales** ≠ idénticos
calzada : por donde van los coches
« imbo...afuera » : juego de palabras que las niñas iban cantando

disparatado : absurdo, incoherente □ **jeroglífico** : difícil de descifrar
desafiando : sin el menor respeto por...
acompasado : que guarda el compás, el ritmo
consistencia : presencia □ **transeúntes** : peatones
se tropezaban contra : se daban, se hallaban con □ **caldo de...sudor** :
toda la gente gritando y sudando □ **enquistados** : incrustados
insoslayables : inevitables
era una puñalada : causaba un dolor punzante

fruterías : donde se vende la fruta □ **echado el cierre** : cerrado
tendría que... : la protagonista de este monólogo interior □ **bajar** :
ir a comprar □ **que más querría ella que** : ella sólo desearía
no quedaron ya : no había □ **dejar de ver** : sólo deseaba no ver más
muestrario < mostrar

a la memoria, pero era imposible que los ojos no se topasen con aquella ristra de imágenes cuyos nombres y olores difícilmente disparaban hacia ningún islote mágico donde pudiese reinar el idioma del « imbo-cachimbo ».

— Usted perdone, señora ; mirar por donde vais, hijas... ¡ Pero Niní !

Y casi le irritaban más que los ojos reflejando enfado, aquellos otros sonrientes y benignos que hasta podían llegar a acompañar la sonrisa con una caricia condescendiente
10 sobre las cabezas rubias de los dos soldaditos por el hecho de serlo ; ¡ qué beaterio estúpido !, ella había abjurado por completo de semejantes sensiblerías patrioteras y la actitud de aquella gente le traía a las mientes el entusiasmo con que emprendió la expedición y embelleció ella también los rostros de los soldados, su perfil, su ademán, « impasible el ademán », bajo el sol de primavera, calle abajo, cara al sol, sí, hasta música de himno se le podía poner al comienzo marcial del desfile que inauguró la tarde, y ahora aquellas gentes paradas en la acera que los miraban volver
20 conseguían echarle en cara su apostasía. Porque la verdad es que ya no tenía credo, que le parecían patraña las consignas que animaron su paso y su talante al frente de la tropa calle abajo total tres horas antes, no parecía ni la misma calle, ni la misma tarde, ni el mismo ejército, en nada era posible adivinar punta de semejanza ; pero, sobre todo, ¿ dónde habían ido a parar las consignas y la fe en ellas, dónde estaba la música del himno ? La primavera era una palabra sobada, un nombre con *pe* lo mismo que patata, que portal, lo mismo que peseta y que perdón señora, un
30 nombre como ésos, que nada tenía que ver con la ninfa coronada de flores del cuadro de Botticelli ; la moral falla a veces, mejor reconocerlo y confesar que la tentación de

se topasen con: vieran

ristra: serie, una ristra de ajos: *un chapelet d'ails*

disparaban: hacían fuego ☐ **islote** < isla ☐ **donde pudiese reinar:** que pudiera ser el reino del idioma...

perdone: disculpe ☑ **por donde** ☐ **hijas:** niñas

Pero N... : pero qué haces N... ? ☐ **Nini:** nombre de una de las niñas

le irritaban: le molestaban ☐ **los ojos...enfado:** las personas furiosas ☐ **otros:** otros ojos ☐ **benignos:** comprensivos ☐ **hasta:** a veces ☐ **caricia** < acariciar ☐ **condesciente:** complaciente

rubias: de pelo rubio ☐ **soldaditos:** las niñas que están jugando **de serlo:** de ser soldados ☐ **beaterio:** devoción pueril y afectada

semejantes: tales ☐ **patrioteras:** chauvinistas

traía a las mientes: recordaba

emprendió: empezó ☐ **embelleció** < embellecer < belleza

ademán: actitud ☐ **" impasible el ademán ":** consejo que ella les dio

calle abajo: bajando la calle ☐ **cara al sol:** mirando al sol ; himno franquista ☐ **sí:** es verdad

paradas: inmóviles ☐ **acera:** por donde van los peatones ☐ **los:** los soldados ☐ **echarle en cara:** reprocharle ☐ **apostasía:** deserción **no tenía credo:** ya no tenía un ideal ☐ **que:** puesto que ☐ **patraña:** farsa ☐ **talante:** humor, " estar de buen talante " ☐ **al frente de:** a la cabeza de ☐ **total:** apenas

adivinar: sospechar ☐ **punto de semejanza:** algún parecido ☐ **ido a parar:** desaparecido ☐ **consignas:** órdenes

sobada: muy usada ☐ **pe:** el nombre empieza por la letra

portal: *porche* ☐ **perdón señora:** frase de disculpa

ésos: los nombres comunes que acaba de pronunciar

Botticelli: pintor italiano famoso por su cuadro " la Primavera "

mejor: más vale

herejía venía incubándose en su sangre casi desde que entraron en el parque y el ejército se desmandó campando por sus fueros y respetos, desde que vio a los otros jefes cotilleando al sol inmersos en la rutina de sus retaguardias, desde aquel mismo momento le empezó a bullir el prurito de la retirada, aun cuando consiguiera todavía mantenerlo a raya bajo el imperio del himno, a base de echarle leña a aquel fuego retórico que la convertía a ella en un capitán distinto de los demás, esforzado, amante del riesgo,
10 inasequible al desaliento, engañosas consignas, bien a la vista estaba ahora que la retirada era patente, de inasequible nada, un puro desaliento era este capitán. Precisamente poco antes de abandonar definitivamente el puesto, en una tregua de las escaramuzas, hurgando en su imaginación, que ya desfallecía, a la busca y captura de recursos, vino a proponerles de pronto a los soldaditos suyos y a otros que habían venido a unírseles de otras filas, que, en vez de efectuar aquellas consabidas maniobras de acarreo de arena, fingieran otro tipo de acarreo, de nombres, por
20 ejemplo, que es ficción bien antigua, sustituir un menester por otro, la tierra por los nombres, palabra en vez de tierra, que todo es acarreo al fin y al cabo.

— ¿ Jugamos a los nombres ?
— Buenos, sí. Pero estos niños no saben.
— Sí sabemos, te crees que somos tontos.
— Tontos y tontainas y tontirrí.

Amagaban con reanudar la escaramuza inútil, enarbola-ban puñados de arena polvorienta.

— Venga, elegid la letra. No riñáis. « De La Habana ha
30 venido un barco cargado de... »

Y se aburrieron pronto, volvieron en seguida a la espantada, a las hostilidades y a la indisciplina. Pero duró

herejía : oposición y rebeldía a una doctrina
se desmandó : los soldados se separaron □ **campando por...y**
respetos : independizándose, haciendo lo que les daba la gana □
vio : ella □ **cotilleando** : charlando □ **inmersos** : sumergidos □
retaguardias : los que cierran la marcha □ **le empezó a...bullir el**
prurito : sintió el inmenso deseo de □ **aun cuando** : aunque □
todavía : de momento □ **a raya** : a distancia □ **a base de** : gracias
a □ **echarle leña** : alimentar □ **fuego retórico** : se está convenciendo
de tener entusiasmo □ **la convertía...consignas** : éste es su sueño □
esforzado : valiente
inasequible a : no se deja influir por □ **desaliento** ≠ ánimo □
bien...estaba : bien se veía □ **patente** : evidente □ **de inasequible**
nada : este capitán se desanimó □ **puesto** : lugar
tregua : interrupción □ **hurgando** : buscando muy hondo
desfallecía : iba muriéndose □ **recursos** : soluciones
soldaditos suyos : sus hijas
unírseles : unirse con ellas
consabidas : conocidas □ **maniobras** : *manœuvres*
fingieran < fingir, subj. imp. : proponer que ; simularan □ **acarreo** :
transporte □ **ficción** : juego □ **menester** : necesidad
por : a cambio de
al fin y al cabo : en fin de cuentas

sí : de acuerdo, vale
sí sabemos : sí que sabemos □ **te crees** < creerse, creer
tontos...tontirri : juego de los nombres □ **tontainas** : tontas □
tontirrí : tontito □ **amagaban...arena** : blandían el puño lleno de
arena
venga : vamos □ **elegid** : escoged □ **riñáis** < reñir, pelear

se aburrieron : se cansaron
espantada : huida < huir

un ratito aquella última prueba de concordia. Quisieron con la *de*. Y había sido horrible, porque ¡ cuantas palabras como cuervos oscuros y agoreros anidaban con *de* en su corazón, al acecho, dispuestas a saltar ! Tenía que hacer esfuerzos inauditos para decir dedal, dulzura o dalia al tocarle a ella el turno, las que se le ocurrían de verdad eran desintegrar, derrota, desaliento, desorden, duda, destrucción, derrumbar, deterioro, dolor y desconcierto ; eran una bandada de demonios o duendes o dragones —siempre
10 la *de*— confabulados en torno suyo para desenmascararla y deprimirla —también con *de*, todo con *de*.

Pues bien, ¡ fuera caretas !, ahora ya de regreso, cuesta arriba, ¿ a quién iba a engañar ?, mejor reconocerlo : estaba presidida por el cuervo gigante y conductor de la bandada aquella, el de la deserción, mejor era dejarse arrastrar por su vuelo attrayente y terrible, conocer el abismo, apurar la herejía hasta las heces. Se sentía traidora, empecatada, sí, ganas tenía de hundirse para siempre en uno de aquellos sumideros oscuros que le brindaban al pasar sórdidas
20 fauces oliendo a lejía, a berza, a pis de gato, guardia y escondrijo de cucarachas viles como ella ; se quedaría allí quieta por tiempo indefinido en el portal más lóbrego, oculta en sus repliegues, vomitando y llorando sin que nadie la viera sobre un sucio estandarte hecho jirones.

Y hubiera, por supuesto, pasado inadvertida su deserción, la vuelta a la caverna que el cuerpo le pedía con apremio : durante un largo trecho, los soldados habrían continuado avanzando calle adelante al son de sus cantos cifrados, alimentando a expensas de su mero existir aquella
30 irregular y empecinada guerrilla que los erigía en dioses arbitrarios y sin designio, en individuos fuera de la ley. Ni siquiera se dignaban volverse a mirar a aquel remedo de

ratito: momento □ **prueba:** manifestación □ **concordia:** paz

con la de: jugaron a encontrar nombres empezando por d

agoreros: de mal agüero □ **anidaban:** habitaban □ **su:** el de la madre □ **al acecho:** espiando □ **saltar:** salir de su boca

inauditos: increíbles □ **dedal:** se pone en el dedo para coser y no picarse □ **al tocarle...turno:** cuando ella tenía que encontrar un nombre

derrumbar: arruinar; destruir □ **desconcierto:** confusión

duendes: espíritus □ **siempre la de:** comentario del monólogo interior de la mujer □ **confabulados:** que conspiraban

tambien con...de: sigue su reflexión sobre los nombres

fuera caretas: basta de " máscaras " □ **de regreso:** de vuelta

mejor: más valía □ **reconocerlo:** darse cuenta □ **estaba:** ella **presidida:** dominada

el de la deserción: fusión del sentimiento de abandono de la mujer y de la metáfora del cuervo sugerida por el concepto de la deserción □ **apurar...heces:** apurar el caliz...heces: beber el... ; asumir lo peor hasta el final □ **empecatada** < pecado

sumideros: a donde van las aguas sucias □ **brindaban:** ofrecían

fauces: como boca de león □ **lejía:** líquido desinfectante □ **berza:** col □ **escondrijo:** donde uno se disimula □ **curarachas:** *cafards* □ **lóbrego:** oscuro

oculta: disimulada □ **sus repliegues:** los sitios más ocultos del escondrijo

hubiera pasado inadvertida: no se hubiera notado

vuelta a la caverna: esta deserción imaginada es deseo de desaparecer □ **apremio:** urgencia, necesidad □ **trecho:** distancia □ **calle adelante:** calle abajo

cifrados < cifra, clave, código □ **a expensas:** valiéndose □ **mero:** simple □ **existir:** existencia □ **empecinada:** obstinada **designio:** proyecto

se dignaban + inf. : tenían la bondad de + inf. □ **remedo:** parodia

capitán zaguero y vergonzante ; ignoraban, tanta era su
ingravidez, que eran ahora ellos quienes tiraban como de un
carro vencido de aquel arrogante jefe, ignoraban la
transformación que lo había traído a ser cenizas, el quiebro
que había dado su voz, el desmayo en su andar, la sombra
en sus pupilas ; el poder de ellos residía en que cantaban
victoria sin saberlo, gustaban de su anárquica victoria
ignorando el sabor de la palabra misma, la letra de su himno
decía « imbo-cachimbo » no « victoria ». Victoria se lla-
10 maba la portera, una de aquellas manchas movedizas que
se veían ya a lo lejos, pasada la primera bocacalle, Victoria,
lo dirían al llegar : « Ya venimos Victoria, cara de
zanahoria » ; « imbo-cachimbo » era un galimatías afín a las
burbujas de su sangre, a su pirueta absurda, improvisada.
A caballo del « imbo-cachimbo » podían llegar a perderse
por la ciudad y salir hasta el campo anochecido, sin echar
de menos a capitán, maestro o padre alguno, montarse en
el trineo de la reina de las nieves y amanecer en un país
glacial sin saber ni siquiera dónde estaban ni quién les había
20 echado encima un abrigo de piel de foca o de oso polar, todo
lo aceptaban y lo ignoraban, todo excepto el ritmo
desafiante de su cuerpo. Iban, con el incubarse de la noche,
hacia un terreno irreal y al mismo tiempo nítido que a ella
le producía escalofrío y que a duras penas se negaba a
admitir, país donde dormían las culebras y abejas de la
propria infancia y que apenas en intuición sesgada e
inquietante osaba contemplar de refilón, indescriptible
reino de luz y de tormenta, donde el lenguaje cifrado
empieza a proliferar subterráneamente hasta hacer estallar
30 la corteza de la tierra y llenar el mundo de selvas, ella bien
lo sabía, avanzaba con miedo detrás de sus soldados ; no se
encaminaba a casa, no, por la cuesta arriba, hacían como

zaguero: que se queda atrás □ **vergonzante:** que tiene vergüënza

ingravidez: falta de peso ▨ **tiraban...de un carro:** arrastraban un...

carro: vehículo tirado por caballos o bueyes o con motor

lo: el jefe □ **traído:** llevado □ **ser cenizas:** desaparecer □

quiebro...su voz: ha perdido la voz □ **desmayo:** desánimo

ellos: sus soldados

gustaban de...victoria: les gustaba...victoria

letra: palabras de una canción

no « victoria »: no decía « victoria »

manchas: puntos □ **movedizas:** que se movían

pasada la bocacalle: p. pasado + subst. □ **bocacalle:** entrada de la calle

zanahoria: legumbre alargada y anaranjada □ **afín:** similar

burbujas: el flujo □ **a su pirueta:** afín a su... □ **improvisada** ≠

prevista □ **a caballo...cachimbo:** cabalgando, jugando a este juego

salir: de la ciudad □ **anochecido** < anochecer □ **echar de menos a:**

lamentar la ausencia de □ **alguno:** cualquiera □ **montarse...:**

podían llegar a montarse □ **reina de las nieves:** héroe de un cuento

infantil □ **amanecer:** podían ver la salida del sol

echado encima: puesto

todo lo aceptaban

desafiante < desafío □ **el incubarse...noche:** el ala protectora de la

noche □ **nítido:** transparente □ **a ella:** a la protagonista

producía escalofrío: daba miedo □ **a duras penas:** difícilmente

culebras: serpientes □ **abejas:** insectos que dan miel

sesgada: quieta, pacífica

osaba contemplar: ella se atrevía a + inf. □ **de refilón:** de pasada

reino de...tormenta: el mundo complejo de los sueños infantiles

estallar: explotar, reventar

corteza de la tierra: ...de la naranja □ **selvas:** bosques □ **bien lo**

sabía: sí que lo sabía □ **encaminaba:** encaminarse < camino

cuesta arriba: el camino sube

que iban allí, pero no. « Ya venimos Victoria, cara de zanahoria » sería abracadabra, santo y seña capaz de franquearles acceso a ese otro reino y en él se instalarían después de remolonear un poco y de tomarse la cena a regañadientes, en cuanto ella se metiera en la cocina a recoger los cacharros sucios y a esperar la llegada de Eugenio que vendría cansado y sin ganas de escuchar estos relatos del parque —« Mujer, es que todos los días me cuentas lo mismo, que las niñas te aburren »—, en cuanto
10 les oyeran ponerse a discutir a ellos y las estrellas se encendieran ya descaradamente, los soldaditos estos que aún fingía ahora capitanear entrarían por la puerta grande de la noche a ese reino triunfal, diabólicos fulgurantes, espabilados, alimentándose de la muerte que, sin sospecharlo, promovían y escarbaban en ella, crueles e insolentes.

— Cuidado, Celia, no os salgáis de la acera.

Celia era el soldado mayor, el más avieso e intrépido, el más bello también. Y se volvió unos instantes a mirarla sacudiendo los rizos rubios que coronaban aquel cuello
20 incapaz de cerviz, la fulminó con sus ojos seguros ; pasaban junto al puesto de tebeos.

— Yo quiero un pirulí y Niní quiere otro.

Y el soldado menor asentía, después de un conciliábulo al oído.

— Nada, os digo que no, nada de pirulís que os quitan la gana. Venga, vamos, se hace tarde.

Pero se habían parado los reclutas aquellos con los ojos de acero y las manos al cinto, prestos a disparar invisibles revólveres, y ella ya echaba mano al monedero, les daba las
30 monedas.

Arrancan a correr chupando el pirulí, sin mirar a los coches ; ya están en el portal, ya se han metido. Victoria

como que iban : como si fueran □ **"ya venimos...zanahoria :** frase que pronunciarían al llegar □ **abracadabra :** palabra mágica □ **santo y seña :** consigna □ **franquearles :** abrirles □ **ese otro reino :** el territorio de Victoria □ **remolonear :** tomarse el tiempo < remolón : flojo, indolente □ **a regañadientes :** criticando y de mala gana □ **se metiera...a :** se...para □ **recogerlos...sucios :** lavar los platos □ **Eugenio :** su marido □ **cansado :** agotado □ **sin ganas de... :** sin querer... □ **« Mujer...aburren » :** lo que le dice siempre el marido **las niñas :** nuestras hijas □ **en cuanto les oyeran :** en cuanto + subj. ; 3e pers. plur. : los soldaditos

descaradamente : con insolencia □ **los soldaditos estos :** sus hijas

fingía capitanear : ella hacía como si las dirigiera

ese reino triunfal : su casa, pero también el mundo de sus sueños

espabilados : vivos

promovían : suscitaban □ **escarbaban :** removían □ **ella :** la protagonista □ **cuidado :** ten cuidado, atención □ **salgáis :** bajéis

Celia : su otra hija □ **avieso :** perverso

bello ≠ feo □ **se volvió :** volvió la cara □ **a mirarla :** para mirarla

sacudiendo : agitando □ **rizos :** tiene el pelo ondulado

cerviz : nuca ; bajar la cerviz □ **seguros :** llenos de convicción

puesto de tebeos : lugar donde se venden revistas para niños

pirulí : caramelo con un palito

asentía : asentir, aprobar

al oído : a media voz, en secreto

nada de pirulís : ni un pirulí □ **que :** ya que

gana : apetito

parado : detenido □ **los reclutas aquellos :** aquellos reclutas, soldados □ **de acero :** crueles, impenetrables □ **cinto :** cinturón

revólveres : pistolas □ **echaba mano al... :** cogía el...

arrancan a correr : se ponen a... □ **chupando :** saboreando

metido : entrado

cara de zanahoria ha tenido apenas tiempo de acariciarles al pasar la cabeza, pero ha sido bastante, bajo el espaldarazo de la victoria van. El cielo está muy blanco, a punto de tiznarse con las primeras sombras. Ya llega ella también.

— Buenas tardes, señora. Vaya tiempo tan bueno que tenemos.

Ha bajado los ojos. Voz de capa caída, de acidia y de derrota ya pura y sin ambages es la que, como remate a la
10 expedición de esa tarde, hace un último esfuerzo para pronunciar apagadamente la salutación vespertina de la retirada :

— Buenas noches, Victoria.

Madrid, octubre de 1974.

cara de zanahoria : : el juego ha creado el apodo de Victoria
ha sido bastante : bastó
espaldarazo : consagración
tiznarse : oscurecerse

vaya tiempo : qué tiempo

de capa caída : de alguien que se siente mal □ **acidia :** pereza
sin ambages : sin rodeos □ **la que :** la voz que □ **remate :** fin
hace un...esfuerzo : esta voz hace un...
apagadamente : debilmente □ **salutación :** saludo □ **vespertina :** de
la noche

Grammaire au fil des nouvelles

Traduisez les phrases suivantes inspirées du texte (le premier chiffre renvoie aux pages, les suivants aux lignes) :

Le printemps *dont* elle haïssait la douceur, était revenu. (pr. relat., 90 - 6).

Elle *s'obstina à* broder ce mot en lettres d'or. (90 - 9).

Elle pressentait la retraite *même si* elle parvenait encore à la maintenir à distance. (94 - 6).

Il leur *proposa de faire semblant* de transporter du sable. (verbe de conseil + subj., 94 - 19).

Ils *menaçaient de* reprendre l'escarmouche. (94 - 27).

C'étaient les mots qui lui *venaient à l'esprit.* (96 - 6).

En montant la côte, elle rentrait à la maison. (96 - 12).

Ils ne daignaient *même pas* se retourner. (*ni...siquiera*, 96 - 32).

Ils s'y installeraient *dès qu'elle rentrerait* dans la cuisine. (subord. de temps, 100 - 5).

Il se retourna *pour* la regarder. (100 - 18).

Ils *se mettent* à courir. (100 - 31).

Juan Benet

OBITER DICTUM

Nace en Madrid en 1927. Su obra variada se reparte entre novelas, cuentos y ensayos.

Ya desde sus primeros cuentos: *Nunca llegarás a nada* (1961), Benet rechaza los principios literarios de la generación anterior: compromiso y realismo social. Opta por otra dimensión de la realidad que le parece esencial: su misterio e irracionalidad. En *Volverás a Región* su primera novela publicada en 1967, Benet a semejanza de Faulkner construye un espacio imaginario; espacio mítico, cargado de misterio y de amenazas que hace estallar la realidad cuotidiana y tranquilizadora generando turbación, duda y ambigüedad.

Perturbaciones de la cronología, elipsis narrativas, indeterminaciones, uso recurrente de lo implícito y de lo sugestivo añaden confusión. Sin olvidar la complejidad sintáctica de la oración, rigor científico, sugestión poética, elementos retóricos que hacen de su escritura algo poco convencional.

« Vamos a seguir a partir del punto donde nos quedamos ayer. De esta forma, poco a poco, tendrá usted tiempo de hacer memoria. Podríamos empezar de nuevo, pero creo que no vale la pena, hay todavía mucho que decir para tratar de aclarar por el momento los puntos que han quedado oscuros. Vamos a ver, usted afirma que alquiló una habitación doble en el Hotel Levante, para una sola noche. Sin embargo, nos consta que desde el día 17 al 19 hizo usted noche en el Hostal Ramos de Sanponce, a quince kilómetros de aquí. ¿Puede usted explicarlo? »

« Lo cierto es que llegué el día 17 a Sanponce y me alojé por tres noches en el Hostal Ramos. Si dije otra cosa es porque no creía que tuviera importancia lo que hice durante esos días. »

« Comprenderá usted que es de suma importancia para todos, y en primer lugar para usted, saber lo que usted hizo en estos días. Le ruego que en lo sucesivo no trate de ocultar o desvirtuar unos hechos que pueden ser tan fácilmente comprobados. No crea que proceder así le va a servir de algo; por el contrario, sólo obrará en detrimento suyo. Le ruego por consiguiente que se limite a la exposición de los hechos concernientes al señor Baretto, tal como ocurrieron, a fin de no incurrir en mayores responsabilidades. »

« Llegué a Sanponce el día 17 procedente de Valencia, por carretera. Ese día y los dos siguientes estuve alojado en el Hostal Ramos. El día 20 me trasladé aquí al Hotel Levante. »

« ¿Qué hizo usted durante esos días? »

« Estuve recorriendo la ciudad y la costa, sin gran cosa que hacer. »

« ¿Sin mucho que hacer? »

seguir : continuar □ **a partir del** : desde el □ **nos quedamos** : nos paramos □ **de esta forma** : así □ **poco a poco tendrá** : irá teniendo **hacer memoria** : acordarse □ **empezar de nuevo** : volver a empezar **hay todavía** : sigue habiendo (duración) ⊠ **mucho <u>que</u> decir** **aclarar** : explicar □ **por el momento** : de momento □ **han quedado oscuros** : siguen siendo oscuros □ **alquiló** : reservó y pagó

sin embargo : con todo, no obstante □ **nos consta** : estamos seguros de que □ **hizo noche** : durmió

Lo cierto : la verdad □ **llegué** < llegar □ **alojé** : hospedé, instalé **dije** < decir ⊠ **otra cosa** : sin art. indef.
no creía que tuviera : no creer que + subj. □ **hice** < hacer □ **durante** : en
es de suma importancia...saber : es muy importante...saber (sin prep.) □ **en primer lugar** : primero
ruego que...trate : rogar que, pedir que + subj. □ **en lo sucesivo** : de ahora en adelante □ **desvirtuar** : quitar fuerza o importancia a... **comprobados** : verificados □ **No crea** : no + subj. pr. = orden negativa ⊠ **servir <u>de</u> algo** ⊠ **por el contrario** □ **obrará** : actuará

concernientes a : referentes a ⊠ **tal <u>como</u>** : compar. □ **ocurrieron** : pasaron □ **incurrir en** : merecer
procedente de : viniendo de
por carretera : en coche o autobús
trasladé : vine, me mudé

estuve recorriendo : me paseé por □ **gran cosa que hacer** : mucho que hacer

« Apenas conocía esto. No había estado en veinte años. Me dediqué a pasear. »

« ¿Sin nada que hacer? ¿No hizo usted más que pasear? »

« Prácticamente nada más que pasear y ver algunos apartamentos. Venía buscando uno para el mes de agosto. »

« ¿No se dirigió usted a una agencia? »

« No me gustan las agencias. Puedo encontrar un apartamento en cualquier lugar del mundo, sin necesidad de recurrir a una agencia. »

« ¿No vio usted a nadie? ¿No habló con nadie en todo ese tiempo? »

« Algunos porteros y propietarios. Le daré las señas si quiere comprobarlo. El personal del hotel. »

« ¿No conocía usted a nadie aquí? »

« A nadie; absolutamente a nadie. »

« ¿Qué le trajo entonces por aquí? ¿Solamente el deseo de pasear y alquilar un apartamento para el verano? »

« Poco más o menos. »

« Y, por supuesto, en más de una ocasión pasó usted por la calle Ribes. »

« Es posible. »

« No, no se trata de que sea posible. Se trata de saber con exactitud si en esos tres días pasó usted, y probablemente más de una vez, por la calle Ribes y concretamente frente al inmueble número 16. ¿Comprende usted? »

« Lo comprendo perfectamente, pero no lo recuerdo. »

« ¿No recuerda usted la casa de la calle Ribes, número 16? »

« Se lo dije ayer claramente. Recuerdo la casa pero no la

conocía : reconocía □ **esto** : este lugar □ **en** : durante
me dediqué a + inf. : me pasé el tiempo + ger.
⊠ **nada que hacer** □ **no hizo...más que...** : no hizo...sino

prácticamente : casi ⊠ **nada más que pasear**
venía buscando : venir + ger. (desarrollo de la acción)

dirigió < dirigir
⊠ **no me gustan las agencias** □ **encontrar** : hallar
en cualquier lugar : donde sea □ **sin necesidad de** + inf. : sin tener
que + inf. □ **recurrir a** : pedir los servicios de
vio < ver □ **no habló con nadie** : doble negación

porteros : *concierges* □ **las señas** : la dirección (calle, nº...)

conocía < conocer : conozco, conoces...
a nadie : c.o.d. de pers. → a
trajo < traer : llevar, conducir □ **deseo** : ganas

poco más o menos : más o menos
por supuesto : claro, naturalmente ⊠ **en...una ocasión**

no se trata de que sea : se trata de [que + subj.] o [inf.]

frente al : delante del
inmueble : finca, edificio
comprendo : entiendo □ **no lo recuerdo** : no me acuerdo
recuerda...casa : recordar/acordarse de

⊠ **se lo dije** : compl. indir. + compl. dir. 3ª pers.

calle. Ahora mismo no sabría encontrarla. Así que no recuerdo tampoco si pasé por allí antes de ver a Baretto. »

« Sin embargo, dijo usted que no tenía conocimientos aquí aun cuando conocía a Baretto desde hace años. ¿Qué tiene que decir a eso? »

« Conocía a Baretto, pero ignoraba que se encontrase aquí. »

« Sin embargo, sabía usted que vivía en la calle Ribes. »

« No lo sabía. Lo supe. Ya se lo dije: lo encontré
10 casualmente. »

« ¿Cómo fue ese encuentro exactamente? »

« Fue al tercer día de mi llegada, el día 19 si no recuerdo mal. Yo estaba sentado en una terraza tomando una cerveza, cuando le vi pasar por la calle. »

« ¿Se acercó usted y le abordó? »

« Sí... eso es. »

« Parece vacilar usted en sus contestaciones. ¿Está usted seguro o, mejor dicho, afirma usted que tras haber visto casualmente en la calle a Baretto, le abordó para
20 saludarle? »

« Lo afirmo categóricamente. »

« O por el contrario ¿le siguió usted a distancia para ver hacia dónde se dirigía? »

« En absoluto. Le alcancé en la calle, en una esquina de la calle Creu Alta, creo que así se llama —ésa que no tiene tráfico—, y hablamos un rato. Me dijo que vivía aquí desde hacía un par de meses, charlamos un buen rato, le invité a un café y me rogó que le fuera a visitar antes de marcharme. »

30 « ¿No le dijo nada acerca de sus actividades? ¿A qué se dedicaba? »

Ahora mismo: en este momento preciso □ **sabría** < saber □ **así que**:
como □ **tampoco** ≠ también
conocimientos: conocidos, amigos
aun: incluso □ **desde hace años...conocía**: llevaba años conociendo

ignoraba que se encontrase: verbo de opinión negativo → subj.

sin embargo: a pesar de todo
supe < saber □ **ya**: varias veces
casualmente: por casualidad
fue: se produjo □ **encuentro** < encontrar
☑ **al tercer día**: tres días después □ **si no recuerdo mal**: si me
acuerdo bien □ **terraza**: café □ **tomando**: bebiendo
cerveza: *bière*
se acercó usted: fue hacia él □ **le abordó**: fue a hablarle

vacilar: tener dudas □ **contestaciones**: respuestas
tras haber: después de haber

saludarle: darle los buenos días
categóricamente: rotundamente
siguió < seguir: seguí, seguiste...
dónde: acento, inter. indirect.
en absoluto: no □ **le alcancé** < alcanzar: llegué a juntarme con él
□ **esquina de la calle**: ángulo formado por un edificio □ **ésa**: esa
calle □ **tráfico**: circulación □ **rato**: momento
un par de: unos □ **charlamos**: conversamos ☑ **invité a un café**
rogó que le fuera a visitar: rogar que + subj.; ir a visitar a alguien
□ **antes de marcharme**: ántes de que me marchara
acerca de: respecto a
¿A qué se dedicaba?: qué hacía de su vida?

111

« No me dijo nada de eso. Hablamos solamente de tiempos pasados. »

« ¿Cuándo fue eso ? »

« Ya le he dicho que fue el domingo 19, al mediodía. »

« ¿No se sorprendió él al verle ? »

« Ni se sorprendió ni dejó de sorprenderse. Eramos viejos camaradas, pero nunca habíamos tenido gran amistad. »

« ¿Dónde se conocieron ustedes ? »

« En Francia, en el 46. »

10   « ¿Estuvieron juntos en Indochina ? »

« Los dos estuvimos en Indochina pero en puntos separados. Apenas coincidimos. »

« ¿Estuvo usted en Dien ? »

« Yo no, él sí. Yo estaba de baja por enfermedad. »

« ¿En qué unidad estaba usted ? »

« En el cuarto Regimiento, compañía tercera. A las órdenes del capitán Dartigny. »

« ¿Coincidieron también en Argelia ? »

« También coincidimos circunstancialmente. »

20   « ¿Cuándo volvió usted a Francia ? »

« En el 56, después de Sakiet. »

« ¿Cuándo le vio usted por penúltima vez, quiero decir, antes del pasado lunes ? »

« No sé si en Marsella, en el 58. Tal vez en Montlaur, en Córcega, hacia el 60. No lo recuerdo demasiado bien porque ese detalle no tiene importancia para mí. Insisto en que sólo éramos conocidos. »

« ¿Y afirma usted que ignoraba totalmente cuáles eran sus actividades actuales ? »

30   « Totalmente. No tengo la más remota idea acerca de sus actividades actuales. »

« De nuestras informaciones concernientes a Baretto se

112

hablamos solamente: no hablamos sino (preter.)
tiempos pasados: el pasado
fue: tuvo lugar, ocurrió, sucedió
al mediodía: a las doce del día
sorprendió: asombró □ **al verle:** cuando le vió
ni se sorprendió...sorprenderse: ni sí, ni no
camaradas: compañeros

en el 46: en el año 1946
estuvieron juntos: fueron compañeros
estuvimos < estar: estuve, estuviste... □ **puntos:** lugares, sitios
coincidimos: nos encontramos (preter.)
Dien: batalla famosa en Indochina
estaba de baja: no combatía □ **por enfermedad:** porque estaba
enfermo

⊠ **las órdenes**
⊠ **Argelia:** durante la guerra de...
circunstancialmente: de vez en cuando
volvió: regresó ⊠ **a Francia:** a, mvt. hacia un lugar
Sakiet: ciudad de Túnez
penúltima vez: vez antes de la última
el pasado lunes ≠ el próximo lunes
sé < saber □ **tal vez:** quizás
Córcega: isla donde nació Napoleón □ **hacia el 60:** por los años
60
sólo: solamente □ **conocidos:** se conocen pero no hay amistad
cuáles: interrogación indirecta

la más remota: la menor □ **acerca de:** en cuanto a

concernientes: relativas

desprende que muy bien podía haber gente, aquí, en Francia y en Marruecos, interesada en su desaparición. Por no hablar de algún ajuste de cuentas. ¿Puede usted decirnos algo acerca de eso?»

«Nada. Repito que ignoro a qué se dedicaba, pero es posible que se hubiera hecho con algunos enemigos; a mí esas historias acerca de antiguos ajustes de cuentas me parecen siempre un tanto fantásticas. A un hombre sólo se le liquida por interés, nada más que por interés. El resto es 10 romanticismo. No me extraña que se metiera en algo sucio.»

«Cambiemos de tema. Dígame, señor Gavilán, ¿acostumbra usted a llevar armas, no es así?»

«Casi siempre llevo conmigo mi pistola. Tengo licencia.»

«Lo sé. No necesita usted insistir sobre lo que ya sabemos; resulta una pérdida de tiempo. Pero, dígame, ¿qué pistola o pistolas acostumbra usted a llevar encima?»

20 «Le contesto con sus propias palabras. No creo que haga falta insistir sobre lo que usted conoce muy bien, una Walther PPK que poseo desde hace veinte años.»

«Se considera usted un buen tirador?»

«Un aceptable tirador, diría yo. No soy un experto.»

«Pero sin duda capaz de acertar a un hombre en el pecho a seis metros de distancia.»

«Sin duda alguna; usted también, supongo yo.»

«Más aún si está tendido en la cama, ¿no?»

«¿Qué quiere insinuar con ello?»

30 «Tan sólo quiero decir que si es usted capaz de acertar a un hombre en el pecho, a seis metros de distancia, tanto

114

se desprende : aparece ⊘ **haber_gente :** sin artículo
Marruecos : *Maroc* ⊘ **interesada <u>en</u>** ⊘ **des<u>a</u>parición**
ajuste de cuentas : venganza
acerca de eso : de este asunto
repito < repetir □ **ignorar :** desconocer □ **es posible que se hubiera :**
ser posible que + subj. ; se hubiera...con enemigos
hacerse con : tener □ **antiguos :** viejos ⊘ **cuent<u>a</u>s :** ≠ cuent<u>o</u>s
un tanto : un poco □ **fantásticas :** extravagantes □ **se le liquida :** se
+ 3ª pers. sing. : *on* □ **nada más :** únicamente
⊘ **romant<u>ici</u>smo** □ **me extraña que se metiera :** me sorprende que
+ subj. □ **algo sucio :** negocios deshonestos
cambiemos...dígame : subj. pr. = orden □ **acostumbra a :** tiene
costumbre de, suele □ **¿no es así ? :** ¿verdad?
llevo : tengo □ **licencia :** permiso

necesita...insistir : hace falta que + subj. ; oblig. pers.
resulta : es
llevar encima : llevar

le contesto con sus... : le contesto a usted con...
haga falta : sea necesario

buen_tirador : apócope
aceptable : regular, honesto
acertar a un hombre : lograr que la bala toque al hombre □ **pecho :**
poitrine

mas aún : mucho más

tanto más : todavía más

más fácil será hacerlo a cuatro metros sobre un hombre tendido en la cama. »

« ¿En la posición en que encontraron muerto a Baretto ? Supongo que sí, nunca he hecho la prueba. »

« No se trata de un sarcasmo, señor Gavilán. ¿Incluso en la cabeza ? »

« ¿En qué cabeza ? ¿De qué me está usted hablando ? »

« Acertar en la cabeza a un hombre tendido en la cama. Y a cuatro metros. »

10 « Usted sabe que eso ya es más difícil. En el ejército enseñan a no apuntar a la cabeza. Yo, al menos, no lo he hecho nunca. »

« Repito que no se trata de hacer conjeturas, tan sólo. No ignora usted que Baretto murió en la cama, de un tiro en la sien. »

« ¿Cómo lo podía ignorar ? Como no ignoro que todo apunta hacia el suicidio. »

« Sí, es lo más probable. »

« Entonces, señor comisario, ¿qué estoy haciendo yo 20 aquí ? ¿No son ustedes, o el juez, capaces de dictaminar un suicidio sin necesidad de todas estas molestias ? »

« Créame que estas molestias no las causamos ni por capricho ni por una excesiva escrupulosidad. He dicho que lo más probable es que sea un suicidio, no lo más seguro. »

« Esa seguridad no la tendrá usted nunca. »

« Lo sé. »

« En virtud de eso no tienen ustedes derecho... »

« Eso se lo dice usted al juez, señor Gavilán. Por otra 30 parte no se trata tanto de alcanzar esa seguridad cuanto de descartar la posibilidad de lo menos verosímil. »

hacerlo: acertar, matar
tendido: acostado
encontraron: 3ª pers. pl.: *on*

sarcasmo: burla ☐ **incluso:** hasta, mismo

acertar en la cabeza: matar a uno, disparando a la cabeza

ejército: cuando uno es soldado
apuntar a: dirigir el arma hacia ☐ **al menos:** por lo menos
nunca: jamás
conjeturas: hipótesis ☐ **tan sólo:** únicamente
murió < morir: morí, moriste... ☐ **tiro:** disparo

como: así como
apunta hacia el suicidio: sugiere, señala el...
probable: verosímil
entonces: pues ☒ **señor comisario:** sin artículo
☒ **son capaces** ☐ **dictaminar** < dictamen: opinión
molestias: incomodidades, fastidios
créame < creer: subj., pr., 3ª pers. sing. = orden ☒ **por capricho:**
causa ☐ **excesiva escrupulosidad:** muchos escrúpulos
☒ **lo más probable es que sea**
seguro: cierto
seguridad: garantía, certeza ☐ **tendrá** < tener
sé < saber
en virtud de: a consecuencia ☐ **tienen...derecho:** están autorizados
eso: lo que acaba de decir ☐ **por otra parte:** además
tanto...cuanto: tanto...como ☐ **alcanzar:** llegar, conseguir
descartar: eliminar ☐ **verosímil:** probable

« Por ejemplo, que un hombre acierte en la sien, a cuatro metros de distancia, a un hombre dormido. »

« Dormido, despierto o muerto. A seis, a cuatro o a dos metros de distancia. »

« Me limito a repetir lo que usted ha insinuado. Yo no he inventado los cuatro metros. »

« Señor Gavilán, antes de encontrar el cadáver, ¿ visitó usted al señor Baretto en su casa tras la entrevista de la calle ? »

10   « No, de ninguna manera. Tan sólo le vi en la calle Creu Alta y en su casa, cuando descubrí el cadáver. »

« ¿Insiste usted en que la puerta del piso estaba abierta ? »

« Así es, abierta con el resbaladero apoyado en el marco. »

« Según la declaración de ayer, usted descubrió el cadáver a eso de las dos y media del mediodía del lunes día 20. ¿No es así ? »

« Así es. »

20   « Y, sin embargo, usted ya se había trasladado de Sanponce al Hotel Levante de aquí, esa misma mañana, lo que demuestra que tenía usted intención de seguir en la ciudad. ¿Cómo se concilia eso con el hecho de que había usted quedado en visitar a Baretto antes de marcharse ? »

« Pensaba irme el día 21 por la mañana o el siguiente a lo más tardar, a la vista de que no había encontrado nada que me gustara. A media mañana tenía todo el día por delante y pensé invitarle a comer. Eso es todo. »

« ¿Iba usted armado ? »

30   « Como siempre, ya lo dije al hacer la primera declaración. »

« ¿No hizo usted uso del arma en casa de Baretto ? »

118

que...acierte < acertar : subj. (eventualidad)

despierto < despertarse □ **muerto** < morir

me limito a repetir : sólo repito □ **insinuado** : sugerido

encontrar : hallar, dar con ⊘ **visitó al Sr Baretto**
tras : después de □ **entrevista** : encuentro

de ninguna manera : en absoluto □ **tan sólo** : apenas □ **vi** : vi, viste,
vio < ver □ **Creu Alta** : nombre catalán □ **descubrí** < descubrir →
descubierto ⊘ **insiste...en** □ **piso** : casa, apartamento
abierta < abrir
Así es : sí □ **apoyado** : puesto en
marco : *encadrement*
la declaración : lo que declaró
a eso de : alrededor de, hacia □ **el mediodía** : la tarde (aquí)
¿No es así? : ¿verdad?

trasladado : cambiado, ido
mañana (la) : diferente de mañana (el día siguiente)
demuestra < demostrar, probar, confirmar □ **seguir** : sigo, sigues...
se concilia : se armoniza ⊘ **el hecho de que**
quedado en visitar : convenido + inf. □ **marcharse** : irse
⊘ **el día 21** □ **por la mañana** □ **el siguiente** : el día siguiente
a lo más tardar : lo más tarde □ **a la vista de que** : viendo que
gustara < gustar : subj. = posibilidad □ **a media mañana** : durante
la mañana □ **tenía...día por delante** : tenía el día libre
iba armado : tenía armas
al hacer : al + inf. : simultaneidad

hizo...uso < hacer uso : utilizar, emplear el arma (fem.)

119

« En absoluto. ¿Con qué objeto iba yo a hacer uso de mi pistola? »

« Debo advertirle, señor Gavilán, que hemos encontrado en el suelo señales de bala que pueden corresponder al calibre de su Walther PPK. »

« No digo que no, pero me parece que por ahí no va usted a ninguna parte. Esas señales, ¿son recientes? Y, en definitiva, la bala causante de la muerte ¿no la han encontrado ustedes? »

10 « Se ve que está usted perfectamente preparado para estas circunstancias. Y eso es precisamente lo que más me sorprende, señor Gavilán, esa familiaridad con los datos más sólidos que abonan la hipótesis del suicidio. En efecto, la bala causante de la muerte no corresponde a su pistola, sino a la del difunto, una Parabellum calibre 38. »

« ¿Entonces? »

« Entonces ¿por qué no pudo usted disparar con la pistola del difunto, aprovechando que dormía? »

« Un hombre que duerme con la puerta abierta y con su
20 pistola al alcance del primero que entre para meterle un tiro en la sien. ¿Es eso verosímil, señor comisario? »

« De eso se trata precisamente; ya se lo dije antes, tenemos que investigar la posibilidad de lo inverosímil. ¿Recuerda usted cuándo disparó por última vez con su pistola? »

« Lo recuerdo muy bien, fue la semana pasada, cerca de San Pedro de la Rápita. Paseando por la playa, detrás del puerto, me entretuve en disparar sobre unas gaviotas. Me entretengo a veces en cosas parecidas y me hago la ilusión
30 de que no pierdo facultades. »

« ¿Hizo usted blanco alguna vez? »

« No, creo que no. »

en absoluto: no □ **¿con qué objeto**: ¿por qué?

debo: tengo que □ **advertirle**: señalarle

Walther PPK: marca de la pistola
por ahí: siguiendo esta dirección, esta pista
ninguna parte: ningún sitio ☑ **señales** (fem.) □ **recientes** ≠ **antiguas**
causante: responsable

la del difunto: la pistola del...
entonces: ¿y qué?
pudo < pude, pudiste < poder □ **disparar** < disparo
☑ **difunto** □ **aprovechando** < utilizando el tiempo que...
duerme: duermo...dormimos < dormir
al alcance...: cualquier persona la puede coger □ **meterle un tiro**: disparar
de eso: de este asunto □ **dije** < decir: dijiste, dijo
tenemos que + inf.: debemos + inf.; es necesario que + subj. pr.
□ **investigar** < investigación □ **recuerda**: se acuerda de ☑ **cuándo**:
inter. indir. ☑ **por última vez**
lo recuerdo: me acuerdo □ **pasada** ≠ próxima □ **cerca de**: en las
cercanías de ☑ **paseando por**: mvt. a través de □ **detrás del** ≠
delante del □ **me entretuve** < entretenerse: pasarse el tiempo + ger.
□ **gaviotas**: pájaros de mar

hizo blanco: dio en el blanco, acertó, logró matar alguna

«¿Se ha preguntado usted en estos dos días por qué lo retenemos aquí?»

«Nada más lógico, y no lo digo por hacer un cumplido, que retener a la persona que descubrió el cadáver. Por otra parte, viajo con mis papeles en orden y dejo mi nombre correctamente escrito en las fichas de los hoteles.»

«Eso es cierto y no crea que no deja de sorprenderme. No le puedo ocultar que he pensado que estoy tratando con un hombre más astuto y avezado de lo normal. En resumen,
10 con un profesional. Porque reconocerá usted que no deja de ser extraño que un día antes del asesinato o suicidio de Baretto caiga por aquí un antiguo compañero de armas, después de veinte años sin aparecer, y que le visita en su domicilio aproximadamente a la hora después de producirse la muerte. ¿No le parece a usted extraño? ¿No son demasiadas coincidencias como para no pensar en lo más inverosímil?»

«No lo sé. Con ser extrañas, resultan más verosímiles que todo lo que ha insinuado. Además, se diría que me invita
20 usted a participar en el trabajo que corresponde sólo a usted y que, a lo que entiendo, apunta a una inculpación a mi persona. Comprenda que no me preste a ello; eso sí sería lo más inverosímil, ¿no le parece?»

«No, quizá no.»

«No alcanzo a ver a dónde se dirige usted ahora.»

«Nada más que esto, señor Gavilán: la colaboración de usted para esclarecer un buen número de coincidencias y puntos oscuros podría aligerar la magnitud del delito del que puede ser en su día acusado.»

30 «Sencillamente, no alcanzo a ver por dónde va usted.»

«Es sin embargo bastante simple: la presencia de usted aquí, sus relaciones con el difunto y su visita en el mismo

122

☑ **por qué** (inter.): diferente de porque (explic.)
retenemos: guardamos
por cumplido: por cortesía, para quedar bien
que retener: nada más lógico que... ☐ **descubrió**: halló, dió con
papeles: documentos de identidad ☐ **nombre**: apellido

es cierto: es verdad ☐ **no deja de sorprenderme**: me sorprende
ocultar: solapar, disimular
astuto: sagaz, sutil ☐ **avezado**: acostumbrado ☑ **más...de lo normal**
reconocerá: confesará, convendrá
extraño: sorprendente ☑ **antes del asesinato**
caiga < caer: llegar por casualidad; ser extraño que + subj.
☑ **después de** ☑ **aparecer** ☐ **le visita**: el compañero le pasa a visitar
a la hora: una hora ☐ **después de producirse**: después de que se haya
producido ☐ **no son demasiadas**: no hay demasiadas
☑ **pensar en** ☐ **lo más inverosímil**: las cosas más inconcebibles

con ser: con + inf. = aunque + ind. ☐ **verosímiles**: creíbles,
probables ☐ **se diría**: parece que
☑ **participar en** ☐ **corresponde sólo a usted**: no corresponde sino a
usted ☐ **a lo que entiendo**: a mi parecer ☐ **apunta a**: insinúa
comprenda que no me preste: admita usted que + subj. ☐ **sí**:
verdaderamente ☐ **¿no le parece?**: ¿verdad?, ¿no lo cree?

alcanzo a + inf.: consigo + inf., logro + inf. ☐ **a dónde**:
movimiento → a ☐ **colaboración de usted**: colaboración suya
☑ **esclarecer**: atenuar
magnitud: importancia
del que puede ser...acusado: del que pueden acusarle a usted
sencillamente: sinceramente, francamente ☑ **por dónde**
sin embargo: con todo, no obstante ☐ **simple**: sencillo

día y casi a la misma hora de su muerte pueden ser explicadas de una manera mucho más satisfactoria que la que usted pretende y que usted, por el momento, se niega a hacer sin duda porque hay algo que ocultar en todo ello. Se han producido dos cadenas de hechos que tal vez sean independientes, pero que muy posiblemente tienen una relación directa de causa a efecto : una es su presencia aquí y su relación con el difunto y la otra es su muerte ; por lo mismo que la segunda ha puesto de manifiesto la primera,
10 de no ser ésta satisfactoriamente esclarecida puede verse imputada con la responsabilidad de esa muerte. Porque dígame, aun cuando Baretto se suicidara, ¿quién nos dice que no vino usted a inducirle u obligarle a ello? ¿que su presencia aquí no le dejara otra salida que pegarse un tiro en la sien? »

« ¿Tiene usted alguna prueba del poder que podía tener yo para llegar a eso? »

« Esa investigación formaría parte en su día del sumario. Repito, eso es cosa del juez. Nuestro cometido se reduce por
20 ahora a decidir si el sumario ha de ir por ahí o por otro camino completamente distinto. Así que dígame, señor Gavilán, ¿qué vino usted a hacer aquí? »

« Vine a estudiar la posibilidad de alquilar un apartamento para el verano. »

« No se sienta usted demasiado seguro con ese pretexto. Pero volvamos a lo de antes ; ya que no le sorprende a usted que le retengamos aquí ¿no se le ha ocurrido pensar que hubiera por medio una delación? »

« ¿Una delación? No se me ocurre de qué se me puede
30 delatar ni quién podría hacerlo. »

« ¿Y si vino usted aquí a cuenta de un tercero? ¿Y si ese

ser explicadas: ser + p. passé: acción vista en su desarrollo
satisfactoria: convincente □ **la que**: la manera que
por el momento: de momento □ **se niega a hacer**: rehusa hacer
☑ **algo que ocultar**
cadenas: series □ **tal vez** + subj.: quizás + subj.

una: una causa □ **su presencia**: la presencia de usted
su muerte: la del difunto □ **por lo mismo**: de la misma manera
la segunda: la muerte de Baretto □ **la primera**: la presencia de
Gavilán □ **de no ser**: de + inf. = si + ind. ☑ **ésta**: presencia de
Gavilán □ **verse imputada con...**: se le puede atribuir
aun cuando + subj. imp.: aunque + subj. imp.
vino...a inducirle: vino para incitarlo, persuadirlo □ **que**: quien nos
dice que... □ **dejara**: subj. imp., expresión de la duda □ **salida**:
escapatoria □ **pegarse un tiro**: dispararse alguna ≠ ninguna
alguna: ≠ niguna □ **poder**: dominio, autoridad
llegar a eso: conseguirlo
investigación < investigar: indagar, pesquisar □ **sumario**:
conjunto de los documentos judiciales en un pleito □ **cosa**: asunto
□ **cometido**: obligación, misión □ **por ahora**: de momento □ **ha
de ir**: tiene que ir □ **así que**: pues, por consiguiente

vine a...: vine para..., con el fin de □ **apartamento**: piso

no se sienta < sentirse; subj. pr. = imper. neg. □ **seguro**: orgulloso
lo de antes: el asunto del que estabamos tratando □ **sorprende
que...retengamos**: sorprender que + subj. □ **se le ha ocurrido
pensar**: ha pensado un instante □ **hubiera**: podría haber □ **por
medio**: la mediación □ **delación**: denuncia □ **no se me ocurre**: no
tengo la menor idea □ **de qué**: inter. indirect. □ **delatar**: acusar □
quién: inter. indir. □ **a cuenta de**: por cuenta de, para □ **un tercero**:

tercero le jugó a usted una mala pasada, una vez cumplida, digámoslo así, su misión? »

« Vine aquí por mi cuenta y riesgo, sólo por mi cuenta y riesgo, y no existe nadie ni nada que abone esa posibilidad. Por mi parte puede usted seguir con ese juego cuanto quiera, no tengo prisa. Pero no le conduce a ningún sitio, se lo advierto, aunque sólo sea para economizar su tiempo, señor comisario. Pierde usted el tiempo con tales fintas. »

« Está bien, si es así, ¿quién queda entonces? »

10   « Eso es, ¿quién queda entonces? »

« Efectivamente, en tal caso no queda nadie más que el propio difunto. »

« No lo sé, no estoy en situación de discutirlo. Es muy posible que el difunto dejara algún papel comprometedor; dígame sin rodeos de qué se trata y trataré de aclarárselo con mi mejor voluntad. Como puede usted comprender, me va algo en ello. »

« ¿Ha oído usted hablar del reflejo de corrección por el error? »

20   « No tengo la menor idea de qué puede ser eso. »

« Haría usted bien en saber algo de psicología de la conducta. O conducta de la conducta, como dicen algunos sabios. Es un curioso efecto que se produce en algunas actividades sujetas a la mecánica de los reflejos encadenados. El profesional educado a realizar una serie de actos, unos seguidos de otros, cuando se produce el fallo tiende, por costumbre, a ejecutarlos en el mismo orden, pero a partir del momento en que surge la alarma, involuntariamente comete algún error. Y ese error es el que con
30 frecuencia le salva. »

« Reconozco que me he perdido totalmente. »

« Con todo, resulta bastante sencillo. »

una tercera persona □ **le jugó...mala pasada** : le traicionó, no jugó limpio □ **misión** : consistía en matar a Baretto

por mi cuenta y riesgo : conociendo el peligro y tomando toda la responsabilidad □ **que abone** < abonar ; acreditar ; subj. = capaz de □ **por mi parte** : en cuanto a mí □ **cuanto quiera** : todo lo que quiera □ **tengo prisa** : el tiempo me urge

economizar : ahorrar ≠ gastar

☑ **pierde usted el tiempo** □ **tales** : semejantes □ **fintas** : fingimientos **está bien** : de acuerdo □ **¿quién queda?** : ¿quién puede ser el responsable ? □ **eso es** : exacto

no queda nadie más que : no queda sino el...

el propio difunto : el difunto él mismo

estoy en situación de discutirlo : estoy como para discutirlo □ **es posible que dejara** : ser posible que + subj., anterioridad →subj. imperf. □ **rodeos** : circunloquios □ **trataré de** : me esforzaré en

me va algo en ello : el asunto me concierne, me importa un poco **reflejo de corrección por el error** : reflejo sicológico del inconsciente

☑ **haría...bien en saber** : sería bueno que supiera **conducta** : comportamiento □ **como** : según **sabios** : científicos □ **curioso** : extraño □ **se produce** < producir : produzco, produces... □ **sujetas** : sometidas a □ **encadenados** < cadena □ **educado a** : acostumbrado a □ **realizar** : ejecutar, llevar **seguidos** < seguir □ **fallo** : error □ **tiende...a** + inf. : suele + inf.

☑ **el momento en que** □ **surge** : surjo, surges < surgir, aparecer □ **involuntariamente** : sin querer ☑ **ese error es el que** : *c'est...qui* □ **con frecuencia** : a menudo

reconozco < reconocer ; confesar □ **me he perdido** : estoy perdido **con todo** : sin embargo □ **resulta...sencillo** : es...fácil de entender

« Será sencillo para usted. »

« Salta a la vista. »

« A la mía no, desde luego. »

« Usted disparó sobre Baretto, a cuatro metros de distancia, cuando estaba tendido en la cama. »

« Y le acerté en la sien. »

« No le acertó en la sien ni en ninguna otra parte del cuerpo. Dio usted en el suelo. A cuatro metros de distancia, sobre un cuerpo inmóvil, dio usted en el suelo cuando
10 decidido a disparar sobre él se dio cuenta, sin poder detener el dedo sobre el gatillo, de que se trataba de un cuerpo inmóvil y abatido. »

« ¿Ha tenido usted, señor comisario, que hacer todo un curso de psicología para venirme con ese cuento ? »

« Es posible. Le diré que tan sólo he hecho uso de antiguos conocimientos para tratar de conciliar tres series de hechos que no casan entre sí. »

« A saber. »

« A saber : primero, su presencia aquí y su demasiado
20 casual relación con el difunto el mismo día de su muerte ; segundo, el suicidio de Baretto demostrado sin lugar a dudas por todos los expertos y todas las pruebas. »

« ¿Y tercero ? »

« Tercero : la carta de Baretto. »

« ¿Qué carta es ésa ? »

« El domingo día 19, con toda probabilidad, Baretto escribió una carta dirigida al Jefe de Policía que depositó en mano el lunes 20 y en la que aseguraba que usted había venido aquí para acabar con él. Acompañaba una
30 descripción bastante detallada de su persona y cuantos datos consideró necesarios para aprehenderlo. A eso me refería cuando le hablaba de una delación. »

será : futuro hipotético, puede que sea...
salta a la vista : salta a los ojos (el asunto), es facilísimo de entender
a la mía : a mi vista, a mi parecer □ **desde luego** : por supuesto

tendido : echado

ni...ninguna...parte : ni cualquier...parte
dio...en el suelo : disparó, pegó un tiro en el suelo

se dio cuenta...de que se trataba : darse cuenta de que + subord. □
detener : parar □ **gatillo** : pieza del arma que permite disparar
abatido : derribado, sin vida
hacer un curso : seguir clases
venirme con ese cuento : contarme cosas tan increíbles
tan sólo : apenas □ **he hecho uso de** : me he valido de

no casan : no concuerdan, no se armonizan
a saber : es decir
su presencia : la de Gavilán
casual < por cuasualidad, fortuita
segundo : primero... □ **demostrado** < demostrar : probar □ **sin
lugar a dudas** : sin la menor duda □ **pruebas** : argumentos
tercero : tercera etapa de esta argumentación

carta ≠ tarjeta postal ☑ **ésa** : pr. démostr. ; esa adj. demostr.
☑ **el domingo día 19** : el domingo 19 de este mes
escribió < escribir ; escrito □ **depositó** : dio, entregó
☑ **en mano** : en propia mano del Jefe de Policía □ **aseguraba** :
certificaba □ **acabar con él** : matarle □ **acompañaba** : seguía
su persona : la de Gavilán □ **cuantos...** : todos los...que
datos : noticias, informes □ **aprehenderlo** : capturarlo
me refería a : aludía a, mencionaba □ **delación** : acusación, soplo

129

« Usted dijo ayer que Baretto andaba últimamente bastante trastornado. Es posible que después de nuestro encuentro del domingo se le ocurriera semejante disparate. Pero ¿qué clase de autoridad es ésta que da crédito al testimonio de un hombre fuera de su juicio? Quién sabe si mi encuentro en la calle despertó en él una inesperada reacción de la que el último responsable soy yo. Repito que no nos habíamos visto en diez años. Dígame, ¿cuál puede ser el móvil de semejante atentado? »

10 « Cosa del sumario, una vez más. Lo que a mí concierne es lo que ocurrió a Baretto desde el día de su llegada. Le voy a decir cómo ocurrieron las cosas, tal como yo las veo. Usted llegó aquí el sábado 18 o tal vez antes, siguiendo la pista de Baretto y dispuesto a acabar con él. Las razones que le pudieran mover a ello no hacen ahora al caso. Probablemente llevaba usted bastante tiempo decidido a ello; conocía sus pasos y a distancia no había dejado un solo día de acosarle. La trayectoria de Baretto desde que entró en el país indica sin lugar a dudas que huía siempre de algo,
20 jamás permaneció en el mismo lugar más de dos meses. Usted debía conocer bastante bien sus costumbres, su incapacidad para dormir por las noches, sus frecuentes recaídas en la droga y los tranquilizantes. Supongo que una vez lo hubo usted localizado se dedicó a espiarle durante dos días, para comprobar sus hábitos y horarios. Lo más probable es que no hubiera tal encuentro en la calle Creu Alta; en cambio lo que no podía usted sospechar es que Baretto no sólo le descubriera, sino que demostrara la presencia de ánimo necesaria para observar cómo, a última
30 hora de la tarde del domingo (cuando usted creía haberle dejado en un cine), usted se introducía en su domicilio de la calle Ribes para inspeccionarlo y familiarizarse con él.

andaba...trastornado: estaba...inquieto; ir + part. pas.
es posible que...se le ocurriera: puede ser que...pensara en; es posible que + subj.; ocurrírsele algo a alguien □ **disparate**: desatino □ **clase**: tipo ☑ **ésta** □ **da crédito**: abona
testimonio < testimoniar, atestiguar □ **fuera de su juicio**: perturbado □ **despertó en él**: provocó en Gavilán
el último responsable soy yo: no soy responsable para nada
en diez años: durante ☑ **dígame**: imper. > énclisis
móvil: razón, motivo □ **semejante**: parecido
cosa del sumario: por el sumario (causal) □ **concierne**: me importa
ocurrió: pasó, sucedió □ **llegada** ≠ partida, salida
tal como: de la manera como
siguiendo < seguir, perseguir: sigo, sigues...seguimos
dispuesto: preparado, prevenido, listo para...
pudieran: hubieran podido □ **mover**: incitar □ **hacen...al caso**: importan □ **llevaba...tiempo decidido**: hacía tiempo que estaba decidido; llevar tiempo + p. pasado □ **a distancia**: de lejos □ **dejado**: cesado, parado □ **acosarle**: perseguirle □ **desde que**: desde el día en que □ **huía...de algo**: se escapaba de
permaneció < permanecer: quedarse □ **lugar**: sitio

☑ **incapacidad** <u>para</u> **dormir** ☑ <u>por</u> **las noches**: de noche
recaídas < recaer; volvía a tomar drogas □ **supongo** < suponer
una vez: cuando □ **se dedicó a espiarle**: se pasó el tiempo espiándole □ **comprobar**: confirmar, verificar □ **hábitos**: costumbres □ **lo probable es que no hubiera**: lo probable es que + subj.
en cambio: pero sí □ **sospecha**: suponer, presumir
descubriera: no...sospechar que + subj. □ **demostrara**: manifestara □ **presencia de ánimo**: valor e instinto □ **a última hora de la tarde**: al atardecer

inspeccionar: examinar, registrar □ **él**: el domicilio

Usted sabía que nunca se acostaba antes de las ocho de la mañana, tras adjudicarse una fuerte dosis de somníferos; pero él sabía que usted lo sabía y, por tanto, esperaba "su visita" para el mediodía, entre una y dos, cuando el personal de la imprenta del primer piso deja el trabajo y la casa queda sola. Entonces, y precisamente entonces, se pegó el tiro, metido en la cama. Estaba harto de vivir acosado, sabía demasiado bien que no tenía salida y no quiso marcharse de esta vida sin darle a usted su merecido. Le diré una cosa,
10 podía haberlo hecho adjudicándose una fuerte dosis de barbitúricos y entonces usted, tomándolo por dormido, no habría fallado el disparo. Pero desconfiaba de los barbitúricos, ya los había ensayado dos veces en el último trimestre, sin lograr el resultado apetecido. Por eso optó por el disparo, tomando todas las precauciones posibles, incluso la oscuridad de la habitación y el corte de la corriente; se disparó en la sien, a través de la almohada, metido en la cama. Además tenía prisa y, desconfiando de los específicos, nada debía horrorizarle tanto como la idea
20 de que usted acabara con él. A toda costa debía querer seguir siendo dueño de la iniciativa. ¿Me entiende, señor Gavilán, me explico?»

«Sí, se explica usted bien, pero no convence; deja usted tantos puntos oscuros como los que pretende aclarar.»

«Pero no pudo evitar que medio cuerpo se desplomara hacia el suelo. Incluso debajo de la almohada dobló una toalla de felpa para evitar una mancha de sangre demasiado ostensible. ¿Para qué todas esas precauciones? Porque debía conocer sus métodos y tenía que saber que usted
30 dispararía, a la luz de la puerta. No, no se equivocó gran cosa, el viejo Baretto; me pregunto si usted no lo ha subestimado porque se diría que siguió obedientemente sus

132

se acostaba: se iba a la cama □ <u>**antes de las ocho**</u>

tras: después de □ **adjudicarse**: suministrarse, tomarse

por tanto: por eso (dif. de sin embargo) □ **su visita**: la de usted

☑ **para el mediodía** □ **una y dos**: la una y las dos de la tarde

piso: planta, nivel en un edificio

entonces: en aquel momento □ **se pegó**: pretérito: acción instantánea □ **metido**: echado, acostado □ **estaba harto**: ya no aguantaba □ **salida**: solución, escapatoria □ **marcharse**: desaparecer □ **su merecido**: lo que usted se merecía; quiso vengarse de Gavilán

tomándolo por dormido: considerando que dormía, tomar por + adj. o p. pas. □ **no habría fallado**: hubiera acertado □ **desconfiaba**: Gavilán no se fiaba de □ **ensayado**: experimentado

lograr: conseguir, tener □ **apetecido**: deseado □ **optó por**: escogió

incluso: hasta □ **habitación**: cuarto □ **corte** < cortar, parar

corriente (la): electricidad □ **almohada**: para descansar la cabeza en la cama □ **tenía prisa**: tenía mucho que hacer en poco tiempo

específicos: somníferos ☑ **nada...horrorizarle** <u>**tanto como**</u>...: (comparativo) □ **acabara**: subj. imperf. ← horrorizarle: verb. de sentim. □ **costa**: precio □ **dueño de la iniciativa**: el que dirigía la situación

no convence: convencer: convenzo, convences...

oscuros: sin explicaciones □ **aclarar**: explicar

se desplomara: se cayera ← subj. imperf. ← evitar que

dobló: plegó

toalla de felpa: *serviette-éponge* □ **mancha**: producida por el flujo de sangre □ **ostensible**: visible, manifiesta □ **¿para qué?**: ¿por qué?

a la luz de: desde □ **no se equivocó**: acertó

gran cosa: mucho

obedientemente < obediente, obediencia

instrucciones, hasta en el menor detalle, sólo que dio en el piso en lugar de haber acertado en el cuerpo, casi todo él fuera de la cama con la cabeza a ras de suelo. Pero, en fin, tuvo usted la serenidad de inspeccionar el cadáver y reconocer la situación ; incluso buscó la bala en el suelo y la huella del disparo y hasta tuvo tiempo de limar las astillas y disimular la muesca con un poco de barro. En cambio, no reparó usted en el impacto de rebote en la pared, debajo de la cama. Usted había liquidado la cuenta del hotel de
10 Sanponce, dispuesto a huir y pasar la frontera —como usted sabe hacerlo— ese mismo día. Pero ante la nueva situación recapacitó ; mucho más seguro y convincente que la huida era su presencia aquí, sin nada que ocultar. Así que decidió tomar una habitación en el Hotel Levante ; hizo desaparecer la bala, limpió cuidadosamente la pistola (demasiado cuidadosamente para un hombre que de tarde en tarde acostumbra a hacer ejercicios de tiro sobre los pájaros) y se personó de nuevo, a eso de las dos y media, en la casa de la calle Ribes para descubrir el cadáver con
20 toda inocencia. Y por si fuera poco se presentó aquí a denunciar el hallazgo. Sin embargo, le diré que no logró usted hacer desaparecer del todo esos residuos de pólvora imperfectamente quemada, tan característicos de un único y primer disparo con un arma que lleva algún tiempo sin ser utilizada. No parece tampoco demasiado verosímil — he dicho verosímil— que un hombre que se entretiene tirando a las gaviotas, sin hacer blanco, realice tan sólo un disparo. En fin, que el viejo Baretto se la jugó a usted bien. Yo creo que debía usted haberlo tenido en más conside-
30 ración. No se tenía usted que haber conformado con dejarle a la puerta del cine ; la salida da a otra calle. El viejo Baretto ; por lo menos ha conseguido que quede usted a

134

hasta : incluso □ **sólo que :** pero □ **dio en el piso :** disparó en el suelo
en lugar de : en vez de □ **acertado :** dado en □ **él :** el cuerpo
fuera de ≠ en □ **a ras de :** tocando casi
tuvo la serenidad de : consiguió la calma para
incluso buscó : hasta se le ocurrió buscar
huella : señal □ **astillas :** pedacitos muy finos de madera
muesca : pequeña cavidad hecha por la bala □ **barro :** tierra mojada
reparó...en : se fijó en □ **rebote** ≠ rebotar tal una pelota
liquidado : pagado □ **cuenta :** factura

ese mismo día : el día de la muerte □ **ante :** frente a
recapacitó : reflexionó □ **más seguro...era su presencia :** mas valía
que se quedara ☒ **nada que ocultar** □ **así que :** así, con que

desaparecer □ **limpió** ≠ ensució □ **cuidadosamente :** con cuidado
de tarde en tarde : de vez en cuando
acostumbra a + inf. : suele + inf.
se personó : se presentó, compareció □ **a eso de :** alrededor de
en la casa...Ribes : la casa de Baretto □ **descubrir :** hallar
por si fuera : en caso de que fuera, por si acaso fuera
hallazgo < hallar ; lo que había descubierto □ **sin embargo :** a pesar
de todo □ **del todo :** completamente □ **residuos :** restos □ **pólvora :**
poudre □ **quemada :** consumida □ **característicos :** peculiares ☒ **un
arma** (fem.) □ **lleva...tiempo sin ser utilizada** ≠ lleva tiempo siendo
utilizada □ **parece verosímil que...realice :** parece verosímil que +
subj. ; verosímil : creíble □ **se entretiene tirando :** entretenerse + ger.
= pasarse el tiempo + ger.
en fin : total □ **se la jugó a usted :** se burló de usted
haberlo tenido en más consideración : haberlo considerado mejor
☒ **conformado con**
da a otra calle : está en otra calle
ha conseguido que quede : conseguir que + subj.

135

disposición de la autoridad judicial. Son dos cosas distintas: inducción al delito u homicidio frustrado. ¿Lo prefiere usted así, señor Gavilán?»

«¿Homicidio? ¿Homicidio frustrado? ¿Qué fantasías son ésas? Yo vine aquí en busca de un apartamento para el verano.»

«Ah, si usted lo prefiere así, señor Gavilán...»

☒ **a disposición de**

inducción: incitación ☐ **frustrado**: fracasado ≠ logrado

lo prefiere así: prefiere las cosas así

¡ qué fantasías son ésas: ¡ Vaya imaginación la que tiene usted !

en busca de: a la busca de, en pos de

Grammaire au fil des nouvelles

Traduisez les phrases suivantes inspirées du texte (le premier chiffre renvoie aux pages, les suivants aux lignes) :

Il y a encore beaucoup *à* dire. (106 - 4).

Je me suis installé ici *pour* trois nuits. (expression de la durée, 106 - 11).

Je ne croyais pas que cela avait de l'importance. (verbe d'opinion négatif → subjonctif, 106 - 13).

Je vous prie de ne rien essayer de me cacher. (verbe de demande → subjonctif, 106 - 17).

J'*étais en train d'en chercher* un. (déplacement du champ d'action, 108 - 6).

Je l'ai vu passer *dans* la rue. (110 - 14).

Vous l'avez suivi pour voir *où* il se dirigeait. (lieu + mouvement, 110 - 23).

***Cela faisait quelques mois qu*'il vivait là.** (110 - 26).

***Cela faisait un certain temps que* vous étiez décidé.** (130 - 16).

***Un homme,* on ne *le* liquide que par intérêt.** (c.o.d. de personne mis en apposition, 114 - 8).

Il ne s'agit pas *tant* d'en être sûr *que* d'écarter ce qui est le moins vraisemblable. (116 - 30).

Vous étiez armé ? (auxiliaire + p. passé, 118 - 29).

Il tirera sur le premier *qui entrera.* (idée du futur dans une subordonnée, 120 - 20).

C'est un homme *plus* rusé *que* ce qui est courant. (122 - 9).

***Tous* les détails *qu*'il jugeait nécessaires.** (128 - 30).

Voici les choses *telles que* je les vois. (130 - 12).

Vous n'auriez pas dû vous *contenter de* le laisser. (134 - 30).

Juan Benet

SYLLABUS

—El primer año tras su jubilación, fue tan amargo y difícilmente llevadero para el profesor Canals que, cuando una institución privada le ofreció desarrollar un extenso ciclo de conferencias para un número muy restringido de especialistas y profesores, no vaciló en volver a aquel remedo del servicio activo no sólo al objeto de ocupar tan buen número de horas vacías, sino decidido a coronar su carrera con un curso de inusitada índole, pensado desde años atrás, que la cronología administrativa había abor-
10 dado antes de que pudiera prepararlo con el rigor que caracterizaba toda su actividad docente.

Se hubiera dicho que la jubilación le había cogido desprevenido; que la rutina de la cátedra, los libros y la vida académica, al empujarle hacia el límite de la edad activa le había convertido en un hombre tan olvidadizo y desdeñoso respecto al reloj y al calendario, que a duras penas pudo sobreponerse a la avalancha de horas de ocio que había de sepultar con la indolencia la conclusión de una obra pensada y desarrollada en buena parte durante vigilias
20 nocturnas y veranos interrumpidos por viajes al extranjero.

Acostumbrado desde siempre a trabajar entre horas llegó a temer que la carencia de obligaciones urgentes pudiera suponer, por paradoja, una cesación de aquella inspiración creadora que tanto más generosa y enérgica se demostraba cuanto más apremiado se hallara por los compromisos oficiales. Por eso, la invitación vino a infundirle tan nuevos ánimos y tantos arrestos que se decidió a utilizar el curso para desarrollar aquellas lecciones —extracto y contra-
30 dicción de muchos años de disciplinada labor— que hasta entonces su propia ortodoxia académica no le había permitido exponer en un aula pública.

tras: después de □ **jubilación:** fin de una carrera □ **amargo:** triste
llevadero: soportable, aguantable
ofreció desarrollar: ofrecer + inf. □ **extenso** ≠ corto, breve
número: cantidad □ **restringido:** reducido, limitado
☑ **especialista** (masc., fem.) □ **vaciló** < vacilar <u>en</u> + inf. : dudar en
+ inf. □ **remedo:** imitación, copia □ **al objeto:** con el fin de
vacías: sin actividad □ **decidido a:** resuelto a □ **coronar:** terminar
con brillantez □ **inusitada:** insólita □ **índole:** condición
pensando...atrás: lo venía preparando desde años □ **que:** el curso
pudiera: hubiera podido □ **rigor:** exigencia
docente: de profesor
se hubiera dicho: parecía □ **cogido desprevenido:** llegado sin avisar
cátedra: las clases (aquí)
al empujarle < empujar : llevar ; al + inf. ☑ **límite (el)** ☑ **edad (la)**
olvidadizo: que no recuerda □ **desdeñoso** < desdén : menosprecio
☑ **respecto a** □ **reloj:** hora □ **duras penas:** difícilmente
sobreponerse: vencer □ **ocio** ≠ actividad
sepultar: ocultar, enterrar
vigilias: noches sin dormir
veranos: vacaciones (aquí)

acostumbrado...a trabajar: solía trabajar □ **entre horas:** cuando
podía □ **temer:** tener miedo □ **carencia:** ausencia □ **pudiera** <
poder ; temer que + subj. □ **por paradoja:** paradójicamente
tanto más...cuanto más: prop. explicativa
apremiado: que tiene prisa □ **compromisos:** obligaciones
infundirle: inspirarle
ánimos: fuerzas □ **arrestos:** audacias □ **curso:** año universitario
desarrollar: exponer □ **lecciones:** clases □ **extracto:** resumen
☑ **labor (fem.):** trabajo
propia: natural □ **ortodoxia:** conformidad dogmática
exponer: expresarse □ **aula (fem.):** sala de clase

141

Sin que llegara a constituir una sorpresa para aquellos pocos que bien porque habían gozado de una cierta intimidad con él, bien porque habiendo seguido su obra con interés y continuidad habían sabido descubrir las insinuaciones a la rebeldía y las veladas amonestaciones a los axiomas de la ciencia que de manera sibilina introdujera en su monumental corpus, reputado por todas las sociedades cultas de España y América como un inconcluso hito en lo sucesivo imprescindible para toda investigación histórica de
10 su tierra, lo cierto es que con aquel postrer curso el profesor Canals, al adivinar que contaba ya con pocas oportunidades para revelar lo que había mantenido siempre si no secreto, al menos velado por la penumbra del escepticismo, quiso dar todo un giro a su trayectoria precedente, llevando al ánimo de su reducido auditorio un espíritu de censura e ironía respecto a sus propios logros como para darles a entender que sólo con aquella burlesca nota contradictoria y regocijante podía coronar una obra para la que hasta entonces no se había permitido la menor de las licencias.

20 Acaso por esa razón el curso fue cobrando, a medida que progresaba, una mayor resonancia y expectación, llegando a constituir tal acontecimiento, dentro de la etiolada vida cultural del país, que los hombres que regían la institución que lo patrocinara empezaron a pensar en una segunda edición dedicada a un público más vasto. Pero el Profesor se negó rotundamente a ello, alegando motivos de salud y ocupaciones privadas y familiares, resuelto a limitar la lectura de aquella especie de testamento a los pocos que, desde el origen, y antes de que se pusieran de manifiesto sus
30 secretas intenciones, habían acudido a él para requerirle su último gesto de docencia. No sólo se negó a ello, sino que,

sin que llegara: sin que + subj. ☐ **aquellos pocos**: las pocas personas
bien porque...bien porque: sea...sea
habiendo seguido: puesto que habían seguido
continuidad: constancia ☐ **insinuaciones**: sugerencias
rebeldía: cuestionamiento ☐ **amonestaciones**: represiones, repri-
mendas ☐ **sibilina**: misteriosa ☐ **introdujera**: había introducido
corpus: obra ☐ **reputado...como**: tenía fama...de
cultas: ≠ cultivadas ☐ **inconcluso** ≠ terminado ☐ **hito**: límite ☐ **lo
sucesivo**: el porvenir ☐ **imprescindible**: indispensable ☐ **investigación**: trabajo ☐ **lo cierto es que**: lo que es cierto ☐ **postrer**: último
☐ **al adivinar**: adivinando ☐ **contaba con**: tenía oportunidades, ocasiones ☐ **si no secreto al menos velado**: no secreto sino
velado ☐ **penumbra** ≠ luz ☐ **quiso...giro** < querer: el profesor quiso
revolucionar ☐ **trayectoria**: tesis ☐ **ánimo**: mente, espíritu
reducido: escaso ☐ **espíritu de**: ideas de ☑ **e ironía** ☐ **propios**:
personales ☐ **logros**: éxitos ☐ **darles a entender**: hacerles entender
aquella burlesca...contradictoria: su último curso era todo lo
contrario de lo que había sido ☐ **regocijante**: divertida ☐ **podía**:
el profesor ☐ **la que**: la obra que ☐ **licencias**: libertades
cobrando: adquiriendo
resonancia: propagación ☐ **expectación**: emoción
acontecimiento: evento ☐ **etiolada**: enfermiza, débil
que: tal acontecimiento...que (consec.)
lo: el curso ☐ **patrocinara**: había patrocinado ☑ **pensar en**
dedicada: dirigida ☐ **vasto** ≠ restringido ☑ **Profesor**
se negó a ello: lo rechazó ☐ **rotundamente**: categóricamente
☑ **familiares**: de la familia ☐ **resuelto**: decidido
los pocos: la poca gente
☑ **el origen**: principio ☐ **antes de que** + subj.: ponerse de...,
aparecer ☐ **acudido**: venido ☐ **requerirle**: solicitarle
docencia: enseñanza

reiteradamente, cursó las instrucciones precisas para que, a la vista de las numerosas peticiones, se limitara con todo rigor la asistencia al aula a las personas que se habían inscrito en el curso durante el período abierto para la matrícula, no vacilando para ello en desoír toda suerte de recomendaciones de colegas y personajes principales que hasta aquel momento habrían jurado que podían gozar de toda su confianza y deferencia. Tan sólo hizo una excepción con un joven estudioso de una provincia lejana que,
10 rechazando para sí el vehículo de las cartas de recomendación o la influyente intervención de un tercero, le hubo de escribir una carta tan medida y sincera que el Profesor no dudó en enviarle, a vuelta de correo, la tarjeta de admisión tras haber rellenado y abonado él mismo la ficha de inscripción.

Para los asistentes no podía ser más satisfactoria la conducta de su maestro que así les situaba en una situación de privilegio, tan codiciada por muchos colegas y conocidos; gracias a ello se había de crear, en la ostentosa,
20 achocolatada y semivacía sala de conferencias, ornamentada con una decoración de rocalla y frescos dedicados al triunfo de la industria y el comercio, un clima de intimidad que había de permitir a Canals ciertas actitudes y extremos que estaban lejos de su mente cuando tuvo la primera idea del ciclo. No sólo hacía gala de una erudición que —se diría— acudía voluntaria a su memoria en el momento oportuno, sin necesidad de ser reclamada para ellos, a fin de corroborar con un dato incontestable una afirmación que de otra forma podía ser reputada como aventurada,
30 sino que de tanto en tanto un espíritu mordaz —e incluso chocarrero— se permitía los mayores desaires sobre esa clase de saber basado en el saber de otros, al igual que el

reiteradamente: varias veces □ **cursó**: dio □ **instrucciones**: <u>las</u> órdenes □ **a la vista de**: viendo □ **peticiones**: solicitudes □ **se limitara**: se + 3ª pers. sing.: *on* □ **asistencia al aula**: presencia en el... □ **abierto** ≠ cerrado

matrícula: inscripción ☑ **vacilando <u>en</u>...**: dudando en ello □ **desoír**: permanecer sordo □ **suerte**: clase, tipo

gozar de: tener

☑ **deferencia**: resp<u>e</u>to □ **tan sólo**: apenas □ **hizo** < hacer

estudioso: especialista □ **lejana** < lejos

vehículo: intermediario

influyente < influencia □ **tercero**: tercera persona □ **hubo de escribir**: haber de + inf. □ **medida**: moderada □ **sincera** ≠ hipócr<u>i</u>ta (masc., fem.) □ **enviarle**: mandarle □ **a vuelta de correo**: en cuanto él recibió, contestó en seguida □ **tarjeta**: carta □ **rellenado**: escrito los informes □ **abonado**: pagado para la matrícula □ **satisfactoria**: grata

así: de esta manera

codiciada: deseada ☑ **colega** (el, la)

conocidos: gente conocida □ **ello**: esto □ **se había de crear**: tenía que crearse □ **ostentosa**: suntuosa □ **achocolatada**: de color chocolate □ **ornamentada**: adornada □ **rocalla**: decoración que imita piedras y conchas

había de permitir: permitiría □ **extremos**: exageraciones

hacía gala de: demostraba

acudía voluntaria: venía sin el menor esfuerzo

ellos: los estudiantes □ **a fin de**: para

corroborar: confirmar

podía ser reputada: hubiera podido calificarse de □ **aventurada**: discutible □ **sino que**: no sólo □ **de tanto en tanto**: de vez en cuando □ **mordaz**: cáustico □ **chocarrero**: bromista < broma, burla □ **desaires**: desdenes □ **saber**: conocimiento

señor que, inesperadamente y a espaldas de ella, se permite toda clase de bromas acerca de la servidumbre que mantiene y da rendimiento a su hacienda. Y no era infrecuente que toda la sala —un grupo selecto y reducido, devuelto a sus años de estudio y obligado a dedicar a aquella sesión semanal un buen número de horas de estudio, a fin de poder recoger todo el fruto de tantas insinuaciones sutiles e inéditas interpretaciones que ponían en jaque toda disciplina poco acostumbrada a someter a juicio sus
10 propios cimientos— irrumpiera, de tanto en tanto, en estruendosas carcajadas o unánimes ovaciones con que la asamblea celebraba el triunfo de un espíritu que había sabido en el declinar de su vida liberarse de las ataduras impuestas por la más honesta y sincera de las vocaciones.

Al profesor Canals no pudo por menos de sorprenderle la incomparecencia de aquel hombre que, a pesar de haber obtenido mediante un precio tan exiguo —tan sólo una carta escrita en los términos precisos— un premio que al decir de él mismo tanto ponderaba, de tal manera se
20 demoraba en cobrarlo. Conocía de sobra su auditorio para saber que no se trataba de ninguno de los presentes quienes, con muy escasas excepciones, habían acudido con puntualidad desde el primer día. Se hallaba a punto de escribirle para conocer la causa de su incomparecencia (pensando que tal vez se había extraviado su respuesta) cuando, en la conferencia que a sí mismo se había señalado como límite de su silencio y de su espera, denunció la presencia de un hombre que por su aspecto y por su tardanza no podía ser otro que su corresponsal de provincias; se trataba de un
30 hombre joven, prematuramente calvo y de pelo rubicundo, que tomó asiento en una silla separada del resto del auditorio por toda una hilera vacía; que a diferencia de casi

146

señor: dueño, amo □ **a espaldas de**: escondiéndose de □ **ella**: la servidumbre □ **bromas**: burlas □ **acerca de**: respecto de □ **servidumbre**: empleados □ **mantiene**: se ocupa de □ **da rendimiento**: saca el producto □ **hacienda**: propiedad □ **no era infrecuente que toda la sala...irrumpiera** □ **devuelto** < devolver □ **dedicar**: destinar ☑ **buen número**

recoger: cosechar, recibir □ **fruto**: resultado, beneficio

☑ **sutiles**: ingeniosas □ **ponían en jaque**: amenazaban

poco acostumbrada a...: que no solía someter... □ **someter a juicio**: criticar □ **cimientos**: bases □ **irrumpiera...en carcajadas o...ovaciones**: se pusiera a reír o a gritar ovaciones □ **con que**: con las (carcajadas, ovaciones) que □ **asamblea**: público □ **espíritu**: pensador □ **el declinar**: el final □ **ataduras**: obligaciones, presiones **impuestas** < imponer: impongo, impones...

☑ **Al profesor...sorprenderle la incomparecencia de...**

hombre: la ausencia de...hombre no pudo sino sorprenderle □ **a pesar de** + inf.: aunque + indic. □ **mediante**: por □ **exiguo**: barato **términos precisos**: palabras justas □ **premio**: recompensa □ **al decir de él mismo**: según decía el alumno □ **ponderaba**: apreciaba □ **de tal manera**: tanto □ **se demoraba**: tardaba □ **cobrarlo**: recibirlo □ **de sobra**: demasiado □ **ninguno** ≠ alguno

escasas: pocas □ **puntualidad**: exactitud □ **primer día**: inicio del curso □ **se hallaba**: estaba a punto de □ **incomparecencia** ≠ comparecencia < comparecer (dicho con solemnidad o ironía) **extraviado**: perdido

a sí mismo: a él, el profesor □ **señalado**: puesto, fijado ☑ **límite** (el) □ **espera** < esperar □ **denunció**: se dio cuenta de □ **tardanza** < tardar

☑ **no...otro que su corresponsal**: no...sino su corresponsal < correspondencia ☑ **provincias** □ **calvo**: con poco pelo □ **rubicundo**: pelirrojo □ **tomó asiento**: se sentó □ **separada**: apartada □ **hilera**: fila □ **vacía**: sin nadie □ **que**: este hombre joven

147

todos los presentes no sacó papel ni hizo el menor ademán para tomar apuntes; que escuchó toda la charla con inmutable actitud y que al término de la misma desapareció del aula sin darse a conocer ni hacerse ostensible, aprovechando la pequeña confusión que en cada ocasión se creaba en torno al solio, cuando algunos asistentes se acercaban al profesor para inquirir acerca de cualquier detalle del que precisaran algunas aclaraciones.

Idéntico desenlace se había de repetir en ocasiones
10 sucesivas sin que al profesor Canals le fuera dado en ningún momento llegar al trato con aquel hombre que manifestaba su reconocimiento de manera tan singular. Tal vez fuese eso —unido a la poco elegante costumbre de entrar en la sala una vez iniciada la conferencia— lo que despertó su impaciencia; o aquella postura distante e inmutable, correcta pero adobada con un matizado gesto de insolencia, como si más que a escucharle o aprender acudiera allí con el propósito de demostrar —aunque sólo fuera con su indiferencia— que en modo alguno se hallaba dispuesto a
20 dejarse influir por su ciencia, por su oratoria o por su magnanimidad.

No acompañaba con sus risas al resto del auditorio, no tomaba notas, en ningún momento asentía, jamás se acercó al estrado. No sólo se cuidaba de que su expresión reflejara la falta de interés que le provocaba el acto, sino que —la cabeza ladeada apoyada en la mano derecha; dos dedos en la sien y otros dos bajo el labio inferior forzaban un rictus de la boca de augusto e incorregible desdén— parecía empeñado en demostrar que su presencia en la sala no
30 obedecía ni a una necesidad ni a un deseo, sino al cumplimiento de un fastidioso compromiso que le obligaba a permanecer durante una hora escuchando unas cosas que

sacó papel: cogió una hoja □ **hizo**: hice, hiciste... □ **ademán**: movimiento □ **tomar apuntes**: ...notas □ **que**: este joven □ **charla**: conversación □ **inmutable**: constante □ **al término**: al final □ **la misma**: esta charla □ **desapareció** < desaparecer □ **darse a**: hacerse □ **ostensible**: visible □ **aprovechando la...**: sirviéndose de la...

en torno al: alrededor de □ **solio**: trono □ **algunos**: unos cuantos ☑ **se acercaban a** □ **inquirir**: informarse □ **acerca de**: sobre **precisaran**: necesitaran □ **aclaraciones** < aclarar: explicar **desenlace**: fin □ **se había de repetir**: se repetiría ☑ **al profesor le fuera dado...llegar**: pr. explet. dat. de int. **llegar al trato**: poder hablar **reconocimiento**: agradecimiento < gracias ☑ **de manera tan singular**: ...rara □ **tal vez...fuese**: quizás + subj. **iniciada**: empezada □ **lo que**: s.e. eso que... □ **despertó** < despertar **postura**: actitud ☑ **e inmutable**

adobada: adornada □ **matizado**: ligero □ **gesto**: expresión del rostro □ **como si...acudiera**: como si + subj. □ **allí**: a la clase **propósito**: meta, fin ☑ **demostrar** □ **aunque...fuera**: aunque + subj. **indiferencia** ≠ interés □ **que en modo alguno**: s.e. demostrar que de cierto modo □ **dispuesto** < disponer □ **influir** > influyo, influyes...influimos □ **oratoria**: arte de hablar con elocuencia **risas** < reír

en ningún...asentía: no asentía en ningún... □ **jamás**: más categórico que nunca □ **estrado** (el): mueble que eleva la mesa del profesor □ **se cuidaba**: prestaba mucha atención □ **reflejara**: subj. después de verbos de sentimiento □ **falta**: ausencia □ **ladeada**: inclinada □ **apoyada en**: descansaba en > sien: *tempe* □ **labio**: los 2 labios forman la boca □ **augusto**: imponente □ **desdén**: desprecio □ **parecía empeñado en**: ...obstinarse en □ **obedecía** < obedecer: obedezco, obedeces... □ **cumplimiento**: respeto □ **fastidioso**: aburrido □ **compromiso**: pacto **permanecer...escuchando**: quedarse + ger. (duración)

149

nada le decían, que para él carecían de todo atractivo, de todo ingenio, de todo rigor y toda novedad y que —ateniéndose a su despectivo talante— a su juicio solamente podían causar impresión en el pequeño grupo de papanatas acomodados en las filas delanteras.

Incapaz de recurrir, en su situación, a otras armas, el profesor Canals trató en un principio de sacarle de su indiferencia con miradas y frases cargadas de intención y simpatía, con gestos y palabras secretas y expresamente
10 pensadas para él y, por encima de un auditorio incapaz de percibir aquellas fugaces dedicatorias, en especial dirigidas hacia él. Su discurso se fue oscureciendo, cargado de sentidos ocultos que sólo él —así lo presumía— estaba en situación de aprehender. Y hasta en ocàsiones le hizo el objeto directo de sus invectivas, llegando a forzar algún giro de su dicción para convertirla en pieza de acusación —acompañada de todo el peso de su justo enojo— contra aquella presencia que de manera tan desconsiderada como desagradecida se había permitido romper la armonía de una
20 fiesta a la que tenía derecho y a la que no estaba dispuesto a renunciar. Fueron gestos y palabras imprudentes con los que sólo había de conseguir un efecto contraproducente ; porque lejos de moverle de su acrisolada indiferencia sólo había de afianzarle en ella, en cuanto el Profesor, al comprender que su oyente se había percatado de todas y cada una de las insinuaciones que le dirigiera, no tuvo más remedio que aceptar la situación de inferioridad —ignorada para el resto del auditorio— en que le situaba la tácita, suficiente y despectiva declinación de todos sus secretos
30 ofrecimientos.

En días sucesivos optó por olvidarse de él y eludir su vista aunque no pudiera, de vez en cuando, dejar de levantar los

150

nada le decían: no significaban nada para él □ **carecían...atractivo**:
no tenían...atractivo, interés □ **ingenio**: espíritu, gracia

ateniéndose a: limitándose a □ **despectivo**: desdeñoso □ **talante**:
disposición □ **juicio**: parecer □ **causar impresión**: impresionar □
papanatas: tontos, necios □ **acomodados**: instalados □ **delanteras**:
de delante ☑ **incapaz** □ **recurrir...a**: valerse de

trató...de sacarle: intentó...sacarle

con miradas y frases...: mirándole y diciéndole cosas con simpatía

para él: para el famoso alumno □ **por encima** ≠ por abajo

percibir: darse cuenta de □ **dedicatorias**: notas dedicadas a una
persona □ **se fue oscureciendo**: ir + ger. □ **cargado**: lleno

sentidos: significaciones □ **ocultos**: misteriosos □ **presumía**:
suponía □ **aprehender**: comprender □ **y hasta**: e incluso □ **en
ocasiones**: a veces □ **invectivas**: sarcasmos □ **giro**: estructura de
la frase □ **convertirla**: convertir su dicción

enojo: furia, ira

☑ **tan** desconsiderada **como...**: sin respeto

desagradecida: que no da las gracias

a la que no...renunciar: el estudiante no quería renunciar a esta
" fiesta "

había de conseguir: haber de + inf. = condicional; conseguir:
lograr, obtener □ **contraproducente**: negativo □ **moverle**: sacarle
acrisolada: perfecta □ **afianzarle**: consolidarle □ **al comprender**:
al + inf.: cuando comprendió □ **oyente**: el que escucha □
percatado: dado cuenta □ **dirigiera**: había dirigido □ **no tuvo más
remedio que...**: sólo pudo...

tácita: silenciosa, muda

despectiva < desprecio □ **declinación**: rechazo, negación

ofrecimientos: propuestas, invitaciones

sucesivos: siguientes □ **optó por**: decidió □ **olvidarse de** ≠ no
acordarse de □ **eludir su vista**: no ver al estudiante

ojos hacia el lugar que ocupaba para constatar la permanencia de su presencia y de su actitud, y a pesar de que cada una de aquellas rápidas (pero a continuación deploradas) comprobaciones suponía una caída en el vacío, tantas veces señalada por un hiato o un silencio que si bien el Profesor se cuidaría de reparar y reanudar gracias a su mucha práctica, no por eso dejarían de repercutir en el tono de aquellas lecciones condenadas a perder la agilidad, el vigor y la despreocupación que las distinguiera durante la
10 primera parte del curso.

Contra su voluntad, se vio obligado a recurrir a la lectura, a hundir la mirada en las hojas mecanografiadas —con el consiguiente tributo a la espontaneidad que no podía pasar inadvertido a sus oyentes, añorantes de aquel espíritu burlón que había desaparecido del estrado para dar entrada a cierta monotonía— y protegerse tras el intenso haz de luz del flexo, aislado en lo posible de aquella presencia vislumbrada a través de una nube de polvo. Incluso llegó a tener dificultades con la lectura, su pensamiento puesto
20 en otra parte : porque fue entonces cuando —para sus adentros, mientras leía— vino a interpretar el origen de tanto desdén : no acudía allí a escucharle sino que —poseedor de unos conocimientos y un poder más vasto que los suyos— se permitía tolerar su actividad a la que, en cualquier momento, con una mínima intervención por parte suya, podía poner fin. Esa era la causa de su zozobra ; esa era la mejor razón para que, durante todo aquel período, al término de cada sesión en la frente del profesor Canals surgiesen innumerables gotas de sudor que una
30 mano temblorosa y anhelante secaba con un pañuelo una vez que se vaciaba el aula.

En estas circunstancias se produjo el momento de alivio.

lugar : puesto

a continuación : después

deploradas : el profesor deploraba la actitud de su alumno □ **caída** < caer □ **el vacío :** la nada, lo absurdo □ **señalada :** la caída

hiato : pausa □ **si bien :** aunque □ **se cuidaría de reparar :** trataría de arreglar □ **reanudar :** restablecer □ **repercutir :** tener consecuencias □ **agilidad :** viveza

despreocupación : serenidad □ **distinguiera :** había distinguido, caracterizado

hundir la mirada en : leer

consiguiente tributo a la espontaneidad : perdió mucha naturalidad

inadvertido : desapercibido □ **añorantes de :** que tenían nostalgia de... □ **burlón** < burla □ **dar entrada a :** introducir

protegerse > protejo, proteges... □ **tras :** detrás de □ **haz :** *faisceau*

flexo : lámpara flexible □ **aislado :** alejado, separado

vislumbrada : vista apenas, columbrada □ **polvo :** *poussière* □ **llegó** llegar : llegué, llegaste □ **pensamiento :** ideas □ **puesto** < poner

en otra parte : en otras cosas □ **para sus adentros :** interiormente

mientras : cuando □ **interpretar :** comprender

desdén ≠ aprecio □ **a :** para

poseedor : el que posee □ **conocimientos :** saber

los suyos : los conocimientos del profesor □ **su actividad :** la del profesor □ **a la que...podía poner fin :** con la que...podía acabar

zozobra : inquietud, angustia

para que...surgiesen : para que + subj.

al término de : al final de ☑ **la frente**

surgiesen < surgir □ **innumerables :** incontables

temblorosa < temblar : tiemblo, tiemblas... □ **anhelante :** angustiada □ **pañuelo :** *mouchoir* □ **vaciaba** ≠ llenaba

produjo producir : produje, produjiste... □ **alivio :** descanso

153

Algo más que un momento. La tarde en que el Profesor, a punto de alcanzar el límite de su resistencia, estaba decidido a anunciar la reducción del curso —y si no lo hizo antes fue por el temor y la vergüenza a hacer pública su rendición en presencia de quien la había consumado— al levantar la mirada hacia la sala comprobó que el asiento del oyente de provincias se hallaba vacío y eso bastó para procurarle tal alivio que pudo seguir adelante sin tener que llevar a cabo su resolución. Vacío había de permanecer durante varias
10 sesiones consecutivas y en la sala volvió a campear su espíritu animoso y despreocupado, que resucitaba la facundia y el ingenio de los primeros meses, que le devolvía la confianza y seguridad en sí mismo necesarias para completar el ciclo tal como lo había programado en su origen. Aquellas herméticas sentencias, cuyos secretos sentidos tantas veces escaparan a la concurrencia, volverían a aclararse por obra de su propia ironía, y aquel talante taciturno y apesadumbrado quedaría despejado por la un tanto impúdica concepción de la historia, aderezada con la
20 benevolencia necesaria para hacer pasable todo el rosario de abusos y tragedias que constituían la esencia de su relato. Hasta que su atención fue de pronto distraída por un crujido en el suelo y un rumor de sillas en el fondo de la sala : había vuelto el oyente de provincias que, con el mismo gesto de fastidio y suficiencia, tomó asiento bastante apartado del auditorio habitual.

Se produjo un largo silencio, una tan estupefacta paralización del Profesor que algunos asistentes volvieron la cabeza para observar al recién llegado, la causa de tan
30 inesperado cambio. De repente el profesor Canals despertó, animado por una súbita inspiración ; cruzó las manos sobre la mesa, inclinó el fuste del flexo para iluminarlas con

154

algo : un poco

alcanzar : llegar a □ **resistencia** : aguante < aguantar

reducción del curso : el curso iba a acabar antes de lo previsto

☑ **temor...a** : miedo □ **vergüenza** : desconfianza □ **rendición** : sumisión, derrota □ **consumado** : hecho

hacia : en dirección de □ **comprobó** : se dió cuenta de □ **asiento** : silla □ **se hallaba** : estaba □ **vacío** : desocupado □ **bastó** : fue suficiente □ **procurarle** : darle □ **seguir adelante** : continuar □ **tener que** : deber □ **llevar a cabo** : cumplir □ **resolución** : decisión □ **había de permanecer** : permanecería □ **sesiones** : clases □ **volvió a campear** : campeó de nuevo, apareció □ **animoso** : intrépido

facundia : locuacidad □ **ingenio** : talento □ **devolvía** : daba de nuevo

necesarias : imprescindibles

☑ **tal como** : (compar.) y no tal que (consec.)

origen : principio □ **herméticas** : oscuras, incomprensibles □ **sentencias** : afirmaciones □ **escaparan** : habían escapado □ **concurrencia** : público □ **obra** : efecto □ **talante** : carácter, humor

despejado : serenado, a gusto

un tanto : un poco □ **aderezada** : preparada

benevolencia : indulgencia □ **pasable** : aceptable □ **rosario** : lista

esencia : substancia □ **relato** : historia

de pronto : repentinamente □ **distraída** < distraer

crujido : (por ej.) de los dientes ☑ **un rumor** ☑ **en el fondo**

vuelto < volver, regresar □ **gesto** : mueca, mohín

fastidio : aburrimiento □ **suficiencia** : presunción □ **apartado** : alejado

se produjo : se hizo □ **estupefacta** : pasmada

paralización : parálisis □ **volvieron la cabeza** : miraron hacia atrás

recién llegado : el que acaba de llegar

inesperado : sorprendente □ **de repente** : de pronto □ **despertó** : volvió en sí

fuste del flexo : el flexo

mayor intensidad y, dirigiendo la mirada al techo, reanudó su disertación con inusitada energía y precipitación para — a partir del punto donde había quedado a la llegada del intruso— hilvanar una sarta de consideraciones de oscuro significado y difícil intelección —salpicadas de citas y frases en latín, griego y hebreo—, pautadas de tanto en tanto con intensas y furiosas miradas al fondo de la sala.

Aquéllos que tomaban notas dejaron el lápiz para escuchar la coda, solemne, emocionante; los más se
10 inclinaron hacia adelante en la esperanza de que el acortamiento de la distancia en unos pocos centímetros les devolviera lo que el cambio les había arrebatado o, al menos, entenebrecido. A la postre, cuando para rematar aquellas turbias ideas acerca de la constitución del Estado el profesor Canals extrajo del bolsillo una tira de papel donde había escrito la frase con que Tucídides explica la retirada del más sabio de los atenienses de la escena pública, a fin de preservar la armonía de quienes no sabían ver tan lejos como él, frase que chapurreada con tosca pronun-
20 ciación nadie sería capaz de localizar ni encajar en el contexto de la lección, no había hecho sino alinear las últimas armas de que disponía; sólo esperaba su inmovilidad, la permanencia de su gesto de desdén, a fin de desenmascararle ante sí mismo, y no pretendía más que, al abusar una vez más de su ficticia superioridad, denunciar la ignorancia de la que se había prevalido para ostentar lo que no era. Pero el joven, prematuramente calvo y rubio, no bien hubo terminado Canals de leer su cita y quitarse las gafas para observar el efecto que producía en el fondo de
30 la sala, se levantó con flema y, tras dirigir al profesor una mirada cargada con su mejor menosprecio, abandonó el local sigilosamente en el momento en que el conferenciante

mayor: superlativo irreg. □ **dirigiendo la mirada al techo**: mirando hacia arriba □ **reanudó**: volvió a tomar

hilvanar una sarta de: construir una serie ⊘ **consideraciones de...significado** □ **intelección**: comprensión □ **salpicadas de citas**: con unas cuantas citas □ **pautadas**: interrumpidas □ **de tanto en tanto**: de vez en cuando ⊘ **al fondo**: movimiento → a
aquéllos: los que □ **dejaron** < dejar
coda: final brillante de una obra solemne □ **los más**: la mayoría
en la esperanza de: esperando
acortamiento: disminución, reducción
devolviera: s.e. esperando que + subj □ **arrebatado**: quitado con violencia □ **entenebrecido**: oscurecido □ **a la postre**: al final □ **rematar**: concluir □ **turbias**: confusas □ **acerca de**: sobre
extrajo < extraer □ **bolsillo** < *poche* □ **tira**: banda, pedazo
Tucídides: historiador griego, 465-385 ant. J.C.
retirada: salida □ **sabio**: juicioso, prudente □ **ateniense**: habitante de Atenas □ **ver tan lejos**: considerar el futuro
chapurreada: pronunciada dificilmente □ **tosca**: grosera
localizar: situar, ubicar □ **encajar**: poner con precisión
alinear las últimas armas: última defensa antes de rendirse
su inmovilidad: la del estudiante

desenmascararle: quitar la máscara □ **pretendía**: intentaba
ficticia ≠ verdadera, auténtica
prevalido: servido □ **ostentar**: exhibir

no bien: apenas □ **cita**: nota de una autoridad que se alega para justificarse
flema ≠ prisa
cargada con: llena de □ **menosprecio**: desprecio
sigilosamente: silenciosamente ⊘ **el momento en que**

—de nuevo absorto, boquiabierto e hipnotizado— se incorporaba de su asiento en un frustrado e inútil intento de detención y acompañamiento, antes de desplomarse sobre la mesa y abatir el flexo.

absorto : atónito ☐ **boquiabierto :** con la boca abierta

se incorporaba : trataba de ponerse lo más recto posible ☐ **intento :** tentativa ☐ **detención y acompañamiento :** quiso pararle y acompañarle ☐ **desplomarse sobre la mesa :** derrumbarse, caerse sobre la mesa

Grammaire au fil des nouvelles

Traduisez les phrases suivantes inspirées du texte (le premier chiffre renvoie aux pages, les suivants aux lignes) :

Il n'*hésita* pas *à* reprendre ce service. (*vacilar en*, 140 - 5).

L'administration l'avait abordé *avant qu'il n'ait pu* le préparer. (*antes de que* + subj., 140 - 10).

On *aurait dit* que la retraite l'avait pris par surprise. (condit. *haber* ou subj., 140 - 12).

Il craignit que ses obligations *puissent* supposer un arrêt de son inspiration. (verbes de crainte + subj., 140 - 23).

Soit parce qu'ils avaient suivi son œuvre *soit* parce qu'ils le comprenaient. (142- 2).

Ils *pensèrent à* une seconde édition. (142 - 25).

À peine fit-il une exception pour un jeune chercheur. (144 - 8).

Un climat d'intimité *permettrait* à Canals certaines attitudes. (*haber de* + inf. = conditionnel, 144 - 23).

Il s'autorisait *les plus grands* affronts. (superlatif, 144 - 31).

Il n'*était pas rare qu*'il *éclate* de rire. (146 - 3,10).

Bien qu'il ait obtenu une récompense il tarde à la recevoir. (*a pesar de* + inf., 146 - 16).

Il semblait *obstiné à* démontrer que c'était un engagement. (148 - 29).

Il *décida de* l'oublier. (150 - 31).

*Ce fut alors qu'*il en vint à interpréter son dédain. (152 - 20).

Ces sentences hermétiques *dont* la signification secrète leur échappait. (154 - 15).

À peine eut-il terminé qu'il se leva. (156 - 28).

Alvaro Pombo

UN RELATO CORTO
E INCOMPLETO

Nació en Santander en 1939. Se licenció en Filosofía y Letras por la Universidad de Madrid y es Bachelor of Arts en Filosofía (Birbeck College, Londres). Residió en Inglaterra desde 1966 hasta finales de 1977.

Había publicado tres libros de poesía, entre ellos *Variaciones* (1977) y dos obras narrativas, *Relatos sobre la falta de sustancia* (1977-1985), cuando le fue otorgado en 1983 el primer Premio Herralde de Novela a su obra *El héroe de las mansardas de Mansart* (1983).

A. Pombo es reconocido actualmente, como una de las revelaciones mayores de la literatura española de la última década. "A pesar de que el énfasis —si hay alguno— está puesto en la deliberada carencia de emotividad... resulta emocionante" escribe Carmen Martín Gaite; y Rafael Conte lo define: "De una retórica perfectamente asimilada, donde la brillantez se disimula bajo la apariencia, pero que en el fondo nos habla una vez más, de esos sutiles aromas que difunden las flores del mal".

Menchu entró en la espesura de la vida sin fijarse. Se casó ilusionada —aunque no fuera el suyo exactamente un matrimonio de amor— pensando que un marido se requiere, además de un sostén, para participar en la vida intelectual de España. Porque Menchu era mortal y parecía desvalida —y porque, en realidad, lo estaba— y porque abría unos ojos como platos cada vez que Sergio preguntaba algo en clase. Sergio se casó con ella. Hacer Filosofía y Letras en la Facultad de Madrid fue, en el caso
10 de Menchu, fruto de una mezcla algo tarumba. Fruto, por un lado, del recuerdo de un abuelo materno, zarzuelista sin fortuna, a quien se recordaba con frecuencia a la vera del piano en la sala de respeto de la casa de los padres de Menchu, un saloncillo destemplado y cursi. Culpa, por otro lado, de haber dicho toda la vida doña Carmen —la madre de Menchu—: « Esta niña tiene talento natural para la Ciencia que la hemos de ver de Catedrática. » Y luego las monjitas que en el Colegio le reían a Menchu las gracias de saberse de pe a pa la Trigonometría y las Historias de
20 España. Y luego, una vez más, lo que decía —y repetía— doña Carmen en sus ratos de altura y rompe y rasga : « A esta hija la hemos de ver en el Teatro Nacional, ¿ verdad hija ?, porque tiene talento natural para la escena », cosa que venía de una vez que se representó, todo con niñas, en el Colegio, *En Flandes se ha puesto el sol* y Menchu fue el gallardo capitán español que dice « España y yo somos así, señora ». Así es que Menchu, al acabar el Bachillerato entró en Filosofía y allí enfermó de Sergio y Sergio de ella y se casaron en la capilla de la Ciudad Universitaria para
30 confusión eterna de ambos cónyuges.

No tuvieron hijos. El primer año de casados Sergio daba clases sólo por las mañanas y pasaba las tardes en casa

espesura : realidad, densidad □ **fijarse** : darse cuenta

ilusionada ≠ desengañada □ **el suyo** : su matrimonio

matrimonio : unión, casamiento

se requiere : es necesario □ **sostén** : ayuda ⊠ **participar <u>en</u>**

mortal : débil

desvalida : abandonada, sin ayuda

ojos como platos : ojos enormes

fue fruto : resultó

mezcla : conjunto de varias cosas □ **tarumba** : loca

zarzuelista : autor de zarzuelas, obras dramáticas cantadas, operetas □ **sin fortuna** : infeliz, desdichado □ **a la vera** : al lado de respeto : de ceremonias

destemplado : poco armonioso □ **cursi** : de mal gusto

⊠ **<u>por otro</u> lado** : por un lado, por otro... □ **de haber...** : fruto de haber...

que : y, pues □ **la hemos de ver** : tenemos que verla ⊠ **<u>de</u> catedrática** : profesora □ **le reían...las gracias de** : se reían cuando decía algo divertido como... ⊠ **sabe<u>r</u> de pe a pa** : de memoria ; al dedillo

ratos : momentos □ **altura** : elevación □ **rompe y rasga** : (mujer de...) : audaz □ **¿verdad?** : ¿ no es verdad ?

escena : teatro □ **cosa** : idea

se representó : representaron □ **todo** : toda la obra

se ha puesto el sol ≠ ha salido el sol □ **Flandes** : país al norte de Francia ocupado en el XVI s. por los Españoles □ **gallardo** : valiente y apuesto □ **así es que** : así es como

enfermó de : se enamoró

capilla : pequeña iglesia

confusión : equivocación, perplejidad ⊠ **etern<u>a</u>** □ **ambos** : los dos de casados : después que se casaron

⊠ **<u>por las</u> mañanas** ⊠ **<u>en casa</u>**

preparando oposiciones. « Si no hago oposiciones ahora —
solía decir Sergio a todo el mundo—, ahora que acabo de
terminar la carrera, luego siempre es tarde. » Y tenía razón
el pobre hombre, aunque fuera el suyo un tener razón de
poca monta.

Sergio, pues, rehacía sus apuntes y leía ávidamente.
Aquél fue un año comparativamente dichoso. Menchu, por
ayudar e irse disponiendo a la futura vida de esposa de don
Sergio, Catedrático por Oposición de donde fuera,
10 recordaba de memoria los títulos de los temas principales.
E incluso llegó a resumir toda la esencia de tres libros —
con su cuidadosa letra, casi naturalmente redondilla, en dos
cuadernos de tenues rayas grises—. Y leyó además *Pascal,
o el drama de la conciencia cristiana,* de Guardini. Y la *Etica*
del profesor Aranguren, que acababa de salir aquella
primavera ; casi toda entera la leyó, subrayando a lapicillo
rojo el capítulo entero del Mal, los Pecados y los Vicios.
Leyó *El Hombre y la Gente*. Y tenía Menchu por las tardes
de sabiduría azul los ojos tintineantes, mostrando muy en
20 serio antes de la cena —y durante la cena— que de sobra
sabía qué se entiende por Etica Material y Etica Formal.
Sergio resultó un marido cariñoso —aunque algo insulso—
y Menchu, que no se parece en nada a Lady Chatterley,
estaba en conjunto satisfecha. Sergio engordó mucho aquel
año, debido en parte al hambre que da la angustia de
empollar, y en parte debido a las paellas, lo único casi que
Menchu cocinaba sabiamente. A Menchu le hacía gracia
que fuera Sergio redondito y que encalveciera, a la vez, tan
dulcemente.

30 Así pasó un año y otros seis meses hasta que por fin se
convocó la oposición. Sergio no pasó del tercer ejercicio.
Todo el mundo le acompañó en el sentimiento. Y todos le

oposiciones: concurso para conseguir una cátedra

solía: tenía costumbre de

carrera: estudios ☐ **tarde** ≠ pronto

aunque fuera: aunque + subj. imp. de ser ☐ **un tener razón**: una razón ☐ **monta**: valor, calidad

apuntes < apuntar, tomar nota por escrito

aquél: valor laudatorio ☐ **dichoso** < dicha, felicidad

disponiendo: preparando ☐ **esposa**: mujer

de donde fuera: ironía al insistir en el destino desconocido ☐ **de memoria**: se sabía de...; al dedillo ☑ **los temas**

☑ **e incluso** ☐ **llegó** < llegar: llegué, llegaste...

cuidadosa < cuidado ☐ **letra**: escritura ☐ **redondilla** < redonda

cuadernos: libretas ☐ **tenues**: finas

salir: publicarse

la: la Etica ☐ **leyó** leer: leí, leiste... ☐ **a**: con ☐ **lápicillo** < lapiz

☑ **por las tardes**: durante las tardes

de sabiduría: de estudio ☐ **azul los ojos tintineantes**: tenía los ojos cansados ☐ **en serio**: seriamente; tomar en serio ☐ **de sobra**: perfectamente ☐ **qué**: lo que ☐ **se entiende por**: significa

cariñoso: afectuoso, tierno ☐ **insulso**: aburrido, insípido

Lady Chatterley: cf. la protagonista de "El amante de L. Chatterley" ☐ **en conjunto**: en términos generales ☐ **engordó** < gordo ≠ delgado ☐ **al hambre** ☐ **angustia**: inquietud, ansiedad

empollar (fig. y fam.): trabajar mucho

sabiamente: con talento ☐ **hacía gracia que** + subj. imp.: divertía que + ... ☐ **fuera**: subj. imp. de ser ☐ **redondito**: gordito ☐ **encalveciera**: subj. imp. de encalvecer: caérsele el pelo a uno

otros seis meses: seis meses más ☐ **por fin**: al fin

se convocó: tuvo lugar

le acompañó...en el sentimiento: compartió su dolor

dijeron lo mismo : « No te preocupes, ha sido mala suerte, te presentas la próxima vez. » Y Sergio mientras lo oía, lo creía. Menchu, que llevaba los tres últimos meses acostándose tarde, o no acostándose, por hacerle a Sergio compañía y tazones de café con leche mientras redactaba la Memoria, se desconcertó por completo. Y se desconcertó con un desconcierto contagioso. O quizás el desconcierto de Sergio empezó primero y se le contagió a Menchu. Se sabe muy poco de estas cosas, y, en realidad, da lo mismo. En
10 cualquier caso, la desocupación que siguió, súbitamente, al ajetreo estudioso de año y medio se materializó, amorfa, en el pisito. Los trozos son visibles en los cuartos como trozos de caballos de cartón-piedra hechos trizas. Los seis últimos meses habían sido alegres, de revuelo, comiendo a deshora, dejando el piso justificadísimamente sin limpiar ni ordenar, esparcido de libros. El fracaso lo confundió todo. Lo inflamó todo como una herida grosera, inconfesable. Y volvió sus dos vidas transparentes, dotándolas de esa lucidez agria, neutra y verdosa de los paisajes congelados.

20   —Ahora, ¿qué vas a hacer? —dijo Menchu la noche misma del día en que se supo el resultado.

No era una pregunta, en realidad. Menchu impuso aquella frase como un hecho, como un dato. Lo empujó entre los dos con las dos manos como un falso testimonio. Menchu estaba cansada. Era ya a fines de junio o a fines de julio. Hacía en Madrid más calor que jamás aquel verano. Habían contado con irse al Escorial de vacaciones bien ganadas. Habían contado con ganar a la primera, con quedar los segundos, los terceros, los cuartos o los quintos.
30 Y quedaron para el arrastre. Menchu era una cría todavía. Y Sergio no sabía qué contestar. De pronto ya no se sintieron ni cansados. El fracaso, como una ducha fría,

lo mismo: la misma cosa □ **ha sido...suerte:** no has tenido suerte
presentas: presentarás □ **mientras lo oía:** al oírlo
llevaba: había pasado
acostándose < acostarse □ **hacerle...compañía:** acompañarle
tazones < tazón: taza grande
se desconcertó < desconcertarse: turbarse □ **por completo:**
totalmente □ **desconcierto:** confusión, turbación
⊠ **se le contagió a Menchu:** pr. compl. dat.
da lo mismo: es igual; no importa
desocupación: ocio □ **siguió** < seguir, seguir a: seguí, seguiste...
ajetreo: actividad excesiva □ **amorfa:** sin forma determinada
pisito < piso □ **trozos:** restos □ **cuartos:** habitaciones
hechos trizas: deshechos
revuelo: confusión □ **a deshora:** sin horario fijo

esparcido de libros: con libros por todas partes □ **fracaso** ≠ éxito
herida: defecto, tara
volvió: hizo □ **transparentes:** insignificantes
lucidez: clarividencia □ **verdosa** < verde

⊠ **del día en que** □ **se supo:** supieron
impuso < imponer: impuse, impusiste...
dato: noticia, antecedente □ **empujó:** puso
falso ≠ verdadero
⊠ **a fines de:** a final de
aquel: demostr. > alejamiento temporal
⊠ **contado con irse:** pensado irse □ **El Escorial:** pueblo a unos 50
kms. de Madrid □ **a la primera:** la primera vez □ **con:** habían
contado con... □ **quedar:** ser
para el arrastre: estar para...: ya no valer nada □ **cría:** niña
qué: interr. indir. □ **de pronto:** de repente
sintieron < sentir: sentí, sentiste...

había barrido el delicioso deleite de sentirse justificadamente cansadísimos. El fracaso parecía haberlos desprendido incluso de su merecido cansancio. Y se sentaban por las tardes en las terrazas de las cafeterías de Argüelles no sabiendo de qué hablar. Y no se dormían. Fue un bache. Y fue un mal bache porque algo que no había, en realidad, brotado nunca, tampoco brotó entonces. Sergio resintió mucho la actitud de Menchu. Fueron por fin al Escorial. Volvieron a Madrid en agosto. Agosto es interminable.
10 Menchu cogió el colerín de las cerezas, y Sergio, al entrar septiembre, entró en «Colegios de Primera y Segunda Enseñanza Galán-Gavioto». Ocho horas diarias dando clases de lo que sea a niños de colegios son muchísimas más horas de lo que puede parecer al inexperto. De pronto pareció el fin. De pronto Menchu y Sergio empezaron a observarse sin hablarse y a esconderse cosas uno a otro.

Don Jesús Galán-Gavioto y su difunta esposa empezaron muy alto —en lo más alto— y acabaron entrefino fino. Acabaron donde a la sazón don Jesús, ya viudo, se
20 encontraba : desasnando niños de papá. Antes de morirse la difunta esposa, había Galán-Gavioto hecho muy bien la contra a los Jesuitas arrebatándoles uno a uno los retoños de la Grandeza de España que por incapaces de Sacramentos o veleidades liberales de sus padres, quedaban naturalmente un poco fuera de la Compañía y la Gloria de Dios. Oh sí, en aquellos tiempos felices y mejores los donceles muy tontos o bastante, que vivían más o menos en Madrid y cuyos padres, aun siendo caballeros y de derechas, no se fiaba gran cosa de los curas, hacían su ilustre
30 bachillerato con don Jesús Galán-Gavioto y su difunta esposa. Hacía ya muchos años —desde después de la

barrido < barrer : hacer desaparecer □ **deleite** : placer
cansadísimos : agotados □ **desprendido** : desposeído
merecido : justificado □ **se sentaban** < sentarse ≠ sentirse
Argüelles : barrio de Madrid
bache : (fig.) : momento difícil
había...brotado : había nacido, existido
resintió : sintió, sufrió mucho por...

cogió...cerezas : tuvo diarrea por haber comido esas frutas □ **entró** :
empezó a trabajar
diarias : al día □ **dando clases de** : enseñando
lo que sea : cualquier asignatura ☒ **más...de lo que puede** : subord.
compl. del compar. □ **inexperto** : novicio

esconderse : disimularse ☒ **uno a otro**

muy alto : con muchas pretensiones □ **entrefino fino** : ya casi sin
pretensiones □ **donde** : como □ **a la sazón** : entonces □ **viudo** : se
le murió la esposa □ **desasnando** < asno ; burro tonto □ **niños de
papá** : muy mimados □ **había...hecho...la contra** : había puesto
obstáculos □ **arrebatándoles** : quitándoles □ **retoños** (fam.) : hijos
por : porque □ **incapaces de Sacramento** : no podían ser
eclesiásticos □ **veleidades** : gustos, simpatías □ **liberales** : aquí,
anticlericales □ **Compañía** : nombre de la orden de los Jesuitas :
Compañía de Jesús
donceles (ant.) : jóvenes nobles
aun : incluso □ **caballeros...de derechas** : no pueden ser más
respetables □ **fiaba** : confiaba □ **gran cosa** : mucho □ **hacían** : los
donceles

Guerra hasta la fecha han pasado muchísimos más años de los que parece que han pasado— que don Jesús viudo suspiraba y decía : « Hoy en día no se sabe quién es quién... ni falta que hace. Ahora sí que de verdad Poderoso Caballero es Don Dinero. » Esta coletilla cínica era un rabo de la viudez de don Jesús, a quien la defunción de su otra mitad había liberado un tanto de Grandezas —porque era ella la que en la aristocracia y el buen tono se empeñó hasta las pestañas— y ascendido al millón las pesetas del
10 Impuesto sobre la Renta —detalle éste sutilmente designador de amplio bienestar (teniendo en cuenta lo mucho que se calla por amor a sí mismo el hombre en estas cosas). Dicho sea entre paréntesis : la esposa de don Jesús falleció la misma noche que los Aliados ocuparon Berlín, no se sabe aún bien si de alegría, o de rabia o de un atracón de lechazo de estraperlo, que era su plato favorito en los años del racionamiento. Don Jesús lloró muchísimo y enviudó más negramente que la inmensa mayoría de los hombres, pero sin advertirlo él mismo apenas, apuntó esa muerte en la
20 columna de Ingresos al hacer el Balance anual. « Las mujeres —pensaba don Jesús— son sentimentales. Y está bien que lo sean. Eso es lo que les va. Poco prácticas, vamos. Idealistas. De todo por la patria. Y yo no. Yo soy de todo por la patria siempre y cuando rente ese todo todo lo que debe. Un sentimiento que no se vende bien no puede ser bueno. Y hoy en día lo que renta y ha de rentar aún más —concluía don Jesús— es el niño del profesional con iniciativa. » Y así fue. Los apellidos vinieron a menos, como don Jesús Galán-Gavioto había previsto, y Colegios Galán-
30 Gavioto a muchísimo más que nunca (aunque en menos alto que antes de la Guerra). Quiere decirse que entre los ahorros y los años se volvió Colegios Galán-Gavioto un

Guerra: Guerra civil □ **a la fecha**: cuando empezó a trabajar Sergio □ **que d. Jesús**: hacía muchos años que d. J...
hoy en día: ahora, hoy día
ni falta que hace: es inútil □ **sí que de verdad**: sin duda alguna □ **Poderoso...D. Dinero**: el dinero lo puede todo □ **coletilla**: comentario □ **viudez** < viudo □ **defunción**: muerte □ **otra mitad**: mujer □ **grandezas**: deseos de nobleza, riqueza, poder, etc. □ **se empeñó** < empeñarse en: obstinarse en □ **hasta la pestañas**: completamente □ **ascendido**: había ascendido
Renta: beneficios ☑ **éste** □ **designador**: revelador □ **bienestar**: riqueza, comodidad □ **lo mucho**: muchas cosas □ **que se calla...el hombre**: el hombre no dice □ **dicho sea**: digámoslo □ **falleció** < fallecer, morir
no se sabe: nadie sabe
aún: todavía □ **rabia**: furia □ **atracón**: indigestión □ **lechazo**: corderito □ **de estraperlo**: comprado clandestinamente

negramente < negro: color del luto; símbolo del sufrimiento
advertirlo: notarlo, sentirlo □ **apuntó**: inscribió
Ingresos: beneficios económicos □ **Balance**: estado de cuentas

les va: les corresponde
de todo...: su divisa es: "todo por la patria"
siempre y cuando: sólo cuando □ **rente**: produzca (subj. pr.)

renta < rentar: dar beneficios □ **ha de**: debe
profesional: hombre que ejerce un oficio ≠ noble que no trabajaba
apellidos: títulos de nobleza □ **vinieron a menos**: decayeron < decaer
a muchísimo más: vinieron a..., perdieron casi todo su prestigio

ahorros < ahorrar: economizar □ **se volvía...un**: llegó a ser un...

mentidero malva y cruel donde el fracaso de quienes llevaban decenios de enseñanza privada y las torpes o imprecisas ilusiones pedagógicas de los profesores recién llegados, se mezclaban en la más trágica y agobiante mezcla. Ahí entró Sergio con su fracaso a cuestas una mañana a fines de septiembre y ahí dio con Fernando González que iba a traerle por la calle de la amargura poco a poco. La amargura, como siempre pasa, tardó en llegar un año o año y pico —porque la amargura no se precipita

10 jamás y se parece a la virtud en que se hace a pura fuerza de hábito y de tiempo. Llega siempre por fin y cuando llega, salta como un animal sobre su presa—. Fernando González había acabado Física y Química y se metió en el Colegio porque no tenía de qué vivir, ni era una lumbrera; en esto como todos. Pero aunque no era una lumbrera, era listillo y entre las malignidades y la pereza de la Sala de Profesores —un cuartucho estrecho y largo con sillas alrededor de las paredes— se encontró como pez en el agua. Fernando era muy suave, con la apariencia dulce y todavía estudiantil en

20 los cabellos. Y era un buen oyente, de los que hacen hablar al interlocutor y no se pierden ripio. Y Sergio, que se veía agobiado y dolido y más solo que la una, se fió de él y se entusiasmó con él —cosa muy mal hecha—. Así que le contó sus penas y sus lástimas y las murrias de Menchu y, por activa y por pasiva, el rollo incruento de la oposición perdida para siempre. Y Fernando parecía —¡ Oh Dios, oh cómo parecía !— hacerse cargo de sus males. Y uno de ellos era Menchu. « Yo estoy seguro —llegó a decir Sergio en una ocasión— de que tú la animarías muchísimo. Tienes que

30 venir a cenar a casa. » Cosa que también le dijo a Menchu (en parte —pobre Sergio— por tener algo que hablar y en

mentidero: lugar donde se habla mal de la gente □ **malva** (fig.):
bondadoso □ **llevaban...enseñanza:** estudiaron años y años □
torpes ≠ inteligentes □ **recién:** apenas
agobiante < agobio: fatiga, opresión, angustia
con su fracaso a cuestas: arrastrando su fracaso
dio con: se encontró con
traerle: conducirle □ **calle:** camino □ **amargura:** pena
pasa: ocurre ⊠ **tardó en**
y pico: y algo más
a pura fuerza de: sólo a base de
hábito: costumbre
presa: víctima

lumbrera: genio, talento
listillo: vivo, astuto
malignidades: maldades
⊠ **cuartucho:** cuarto feo

oyente: el que escucha
no se pierden ni pío: lo escuchan todo
agobiado < agobio □ **más solo que la una:** totalmente solo
asi que: y así
lástimas: sufrimientos □ **murrias:** momentos de tristeza
por activa...la oposición: la historia aburrida de cuando preparaba
y dejó de preparar la oposición □ **incruento** ≠ cruento, sangriento
hacerse cargo de: parecía hacerse...: fingía asumir

animarías: darías ánimo, infundirías energía

por: para ⊠ **algo que** □ **hablar:** decir

173

parte porque de verdad creía que Fernando iba a sacarle de un apuro). Dijo Sergio :

—Mira Menchu, tienes que conocer a este chico, Fernando, que te he dicho. Porque es sensacional. Es diferente de los otros. No sé. Mejor que la mayoría de nosotros, etc., etc.

Menchu se negó a recibir a nadie. Se negó con gran violencia. Como si se tratara en realidad de una imprudencia o de una amenaza.

10 —Yo no estoy para ver a nadie —dijo.

Sergio no entendió que la violencia era, en este caso, signo de lo contrario. Signo quizá de lo contrario. En todo caso, Sergio insistió e insistió y por fin, tras unos tanteos que duraron hasta mediados de noviembre, Fernando fue a cenar a casa de Sergio y de Menchu. « Para que conozcas a Menchu por ti mismo —dijo el pobre Sergio—, y lo veas todo con tus propios ojos. »

—Falta el azúcar —dijo Menchu a su marido sin mirarle.

20 —Es que... como tú no tomas... azúcar —tartamudeó Sergio.

—¡ Y qué que yo no tome ! ¿ Es que no se va a tomar azúcar en esta casa porque yo no tome ?

Sergio salió en busca del azúcar. Fernando paseó la vista por la habitación. Menchu le había parecido guapa y desaprovechada. La reunión había sido un desastre. Ahora era acabados de cenar y reunidos —muy forzado el matrimonio y Fernando a sus anchas pero en guardia— en la salita a tomar café. El nerviosismo de Sergio era como 30 lágrimas. Menchu no decía nada. Había una foto de Menchu sobre la mesita baja de tomar café. El pelo peinado de otro modo y la barbilla apoyada en la mano derecha.

de verdad: verdaderamente ☒ **iba <u>a</u>** ☐ **sacarle de un apuro:**
ayudarle; apuro: dificultad
mira: fíjate
que te he dicho: de quien te hablé
sé < saber ☐ **mejor** ≠ peor

se negó a < negarse <u>a</u>, rechazar
como si se tratara: como si + subj. imperf.
imprudencia: ligereza, temeridad
no estoy para: no estoy en estado de, en condiciones de

☒ <u>lo</u> contrario
insistió: persistió, porfió ☐ **tanteos** < tantear: ensayar, probar
mediados de: la mitad
conozcas < conocer, subj. pr.
veas < ver, subj. pr. ← para que
☒ <u>con</u> tus propios ojos
falta: no está ☐ **azúcar:** se echa en el café

tartamudeó: habló entrecortadamente repitiendo las sílabas

¡qué que...tome!: qué importa que + subj.
tome < tomar: subj. pr.: eventualidad
en busca: a buscar ☐ **paseó** < pasear, pret. ☐ **vista:** mirada
guapa: bonita
desaprovechada: inutilizada, malbaratada ☐ **había sido:** había
resultado ☐ **desastre:** fracaso ☐ **acabados de cenar...a tomar café:**
habían acabado de cenar y estaban ahora en la sala ☐ **forzado:** no
espontáneo ☐ **a sus anchas:** cómodo, a gusto

☒ **mesita <u>de</u> tomar café**
barbilla: parte de la cara, debajo de la boca

175

«¿Te gusto?», había preguntado Menchu ya dos veces. Fernando temió que volviera a preguntarlo ahora. Porque la verdad es que sí que le gustaba (el modelo, se entiende, no la foto). Sergio volvió con un paquete de azúcar en la mano.

—¿Así lo traes? ¡No, si tendré yo que hacerlo todo!

La hostilidad hacia su marido que Menchu había manifestado durante toda la velada había sorprendido a Fernando y sorprendido, sobre todo, al propio Sergio. Hasta la fecha, la tirantez entre los dos había consistido más que nada en sombríos, entrecortados diálogos triviales y más que nada en murrias. Desde que Sergio perdió la oposición habían visto muy poca gente. En realidad era Fernando la primera persona que había venido a casa y los veía juntos. Esta introducción de un tercero da lugar al carácter «representado» y público de la tragedia conyugal que hasta la fecha ha permanecido dentro de los límites de lo puramente privado. Fernando ha dicho, en realidad, muy pocas cosas esa noche. Así es que más bien el hecho de estar ahí que lo que dijo o hizo debe acentuarse. Ahora Fernando contempló su reloj de pulsera.

—Me parece que se está haciendo un poco tarde —dijo.

—¿Es que tienes que irte? —había una nota de angustia en la voz de Sergio que Fernando registró inmediatamente.

—Hombre, tener que irme... no es que tenga que irme.

Menchu entró precipitadamente con un azucarero vacío en la mano. Y comenzó, aparatosamente, a trasladar el azúcar del paquete de azúcar al azucarero. Un chorrillo hizo un montoncito de hormiga en la mesa. Fernando observó el silencio en torno —como una frondosa indisposición del

176

gusto < gustar: agradar, placer
temió que volviera a: temer que + subj., c.d.t.
sí que le gustaba: claro que le gustaba

traes < traer: traigo... □ **No:** no es posible □ **si tendré que:** voy
a tener que □ **hacia:** para con
velada: reunión nocturna □ **sorprendido:** asombrado
sobre todo: más que nada ☑ **al propio Sergio**
la fecha: ese día □ **tirantez:** tensión
sombríos ≠ alegres □ **triviales:** sin interés y originalidad
murrias: melancolías, malos humores
☑ **poca gente:** fem., sing.

juntos: reunidos □ **un tercero:** una tercera persona
representado < representación teatral
ha permanecido: se ha quedado ☑ **los límites**
privado: personal
así es que: por eso
☑ **acentuarse:** recalcarse, subrayarse
de pulsera: reloj que se lleva en la muñeca
se está haciendo...tarde: aparente discreción de Fernando; forma
progresiva: estar + ger.

registró: reconoció □ **inmediatamente:** en seguida

hombre: aquí, interj. de duda ☑ **tenga** < tener, subj. pr.
precipitadamente: apresuradamente □ **vacío** ≠ lleno
aparatosamente: con ostentación □ **trasladar:** pasar
chorrillo: porción ínfima que iba cayendo
montoncito: montañita (fig.) □ **hormiga:** insecto negro
en torno: alrededor □ **frondosa:** espesa

universo mundo— y observó que a Menchu le temblaba el pulso al verter el azúcar.

—¿A dónde tienes que irte? —preguntó Menchu entre dientes—. Todavía es muy pronto.

Hubo una pausa. Fernando observó fríamente el cuerpo un poco demasiado espléndido de Menchu en aquella salita anónima, pulcra, de esa vivienda de la ampliación del Barrio de la Concepción. Halo estrambótico. Fresco aún el cemento y casi transparente, con sus tabiques de rasilla que
10 dejan entrar las vidas de los vecinos en sus ruidos y casi a los vecinos mismos en sus carnes hasta el corazón barnizado de la salita de Menchu y Sergio. «Se prohíbe escupir», había leído Fernando al subir en el ascensor. Un cartel garabateado a mano, una prohibición como una disculpa insultante. Sergio cambió de sitio un cenicero.

—¿Hace mucho que vivís aquí? —preguntó Fernando por preguntar algo.

Tras la representación del cambio del azúcar del paquete de azúcar al azucarero, Menchu parecía cansada. Fernando
20 se arrellanó en su asiento. Menchu mojaba una cucharadita de azúcar en el café y se la llevaba empapada a la boca. «¡Qué boca de loba!», pensó Fernando entre dientes.

—Dicen que el azúcar trae las caries —comentó Menchu con una vocecita de niña tonta.

—Y las lombrices... —añadió Fernando por decir algo.

—¡Qué horror, qué cochinada! —exclamó Menchu furiosamente.

—Podemos salir a dar una vuelta... si queréis —intercaló Sergio en ese momento.

30 —Por mí como queráis —dijo Fernando—. Pero la verdad es que aquí estamos bien.

—Este —dijo Menchu— con tal de no estar en casa... en

<u>a</u> Menchu <u>le</u>...el pulso : dat. de interés : expresa la pertenencia
pulso : aquí, la mano □ **verter** : servir
entre dientes : diente (el)
pronto ≠ tarde
hubo < haber, pret. : hube, hubiste... □ **fríamente** : sin emoción

pulcra : limpia, aseada □ **vivienda** : casa □ **ampliación** : extensión
Barrio : una parte de la ciudad □ **estrambótico** : extravagante
tabiques : paredes delgadas □ **rasilla** : ladrillo

en sus carnes : de carne y hueso □ **corazón** : centro
salita : saloncito □ **se prohibe** : traducc. de *on* □ **escupir** : tirar saliva
□ **al subir** : cuando subía □ **cartel** : papel escrito que contiene un
anuncio □ **garabateado** < garabato < mala escritura ☑ <u>a</u> **mano** □
disculpa : excusa □ **cenicero** : recoge cenizas del cigarro

☑ **por** + inf. : para
representación : espectáculo
cansada < cansar ≠ descans<u>a</u>r
se arrellanó : se sentó cómodamente □ **mojaba...en el café** : hundía
la cuchara llena de azúcar en el café □ **se la...a la boca** : dat. de int.
□ **empapada** : impregnada □ **loba** < lobo : animal feroz
dicen : traducc. de *on* □ **trae caries** : produce...
vocecita < voz □ **tonta** : boba
lombrices : gusanos □ **añadió** : agregó
" **qué cochinada** " : ¡ qué asco, qué cosa tan sucia !

dar una vuelta : dar un paseo, pasear

por mí : a mi parecer □ **como queráis** : querer, subj. pr.
☑ **la verdad** : a decir verdad
éste : este tipo □ **con tal de** + inf. : a condición de + inf.

cualquier parte. ¿Me encanta la corbata que tienes, Fernando!

Fernando contempló su corbata sorprendido y Menchu añadió un poco con el mismo tono de voz con que había dicho lo de «¿Te gusto?» cuando le mostraba a Fernando su retrato:

—Te advierto que te va de primera.

Esa frase encauzó esa primera noche de Fernando González en casa de Sergio y Menchu hacia su fin. Escena 10 mansa y muda, con Sergio acariciándose la frente con un gesto mecánico y Menchu poniendo discos en el tocadiscos. El mecanismo demasiado brillante de la irrealidad tictaqueaba como un reloj sin agujas. Fernando se deshace el nudo de la corbata (ligeramente) y estira las piernas por debajo de la mesita de tomar café. No ha sucedido nada en absoluto. Ten misericordia de nosotros.

cualquier parte : cualquier sitio □ **encantar** : gustar mucho

contempló : miró atentamente

lo de : esas palabras □ **le mostraba a...** : dat. de int.
retrato : foto
advierto < advertir : hacer notar □ **de primera** : muy bien
encauzó : dirigió ; cauce : curso de una discusión

mansa : apacible □ **muda** : silenciosa □ **acariciándose** <
caricia
irrealidad : ficción
tictaqueaba < tictac (onomatopeya)
estira : alarga ☒ **por debajo**
sucedido : ocurrido, pasado
☒ **en absoluto** : absolutamente □ **ten** : tener, imper. ; parece
una invocación a Dios

Grammaire au fil des nouvelles

Traduisez les phrases suivantes inspirées du texte (le premier chiffre renvoie aux pages, les suivants aux lignes) :

C'était son grand-père maternel *dont* on *se souvenait*. (trad. de " on " ; *recordar*, 162 - 12).

Nous la verrons *professeur*. (*haber de* : futur ; prép. *de* devant noms de métiers, 162 - 17).

Le soleil *s'est couché* en Flandres. (162 - 25).

La première année *de leur mariage* Sergio donnait des cours *le matin*. (participe substitué à l'inf. passé : *de* + p. passé, 162 - 31,32).

Elle savait *ce qu'on* entend par éthique. (interr. ind., 164 - 21).

Cela *faisait sourire Menchu* que Sergio *soit* rondelet. (pr. dat. d'int. ; c.d.t., 164 - 28).

Cela *faisait trois* mois qu'elle *se couchait* tard. (*llevar* + compl. de temps + gér., 166 - 3,4).

Ils *comptaient* s'en aller à l'Escorial. (166 - 27).

L'amertume *mit un an* à arriver. (172 - 8).

Il *manque* le sucre. (174 - 18).

Il *craignit* qu'elle ne le redemande. (*temer que* + subj., c.d.t., 176 - 2).

En versant le sucre, *la main de* Menchu tremblait. (pr. dat. d'int., 178 - 1,2).

À condition de ne pas être à la maison, il se trouve bien partout. (*con tal de* + inf., 178 - 32).

Cette cravate te va *très bien*. (180 - 7).

Vocabulario

Voici près de 1 300 mots ou expressions rencontrés dans les nouvelles, suivis du sens qu'ils ont dans celles-ci. On a souligné la syllabe des verbes qui diphtonguent.

— A —

abajo (calle...) : en descendant (la rue)
abajo (ladera...) : en descendant la pente
abarca : sandale rustique
abonar : payer ; accréditer
abrigar(se) : se couvrir
abrigo (al ... de) : à l'abri de
absoluto (en) : pas du tout
absorto : absorbé
aburrir(se) : (s')ennuyer
acaecer : survenir, arriver
acaso : peut-être
acechar : guetter
acera : trottoir
acercarse a : s'approcher de
acertar : atteindre
acidia : mollesse
acomodado, a : installé, e
acompasado, a : rythmé, e
acongojar : angoisser
acontecimiento : événement
acordar : décider
acosar : harceler
acostarse : se coucher
acostumbrar (a) : prendre l'habitude de
acrisolado a : parfait, e
acudir a : venir à, vers
adelante (carretera) : en avançant (sur la route)
adentros (para sus...) : en son for intérieur
adjudicar(se) : (s')administrer
adobado, a con : agrémenté, e de
ademán : geste
afectado, a : maniéré, e
afectar : toucher, émouvoir
afecto : attachement
afeites : fards, toilettes
afianzar : consolider
afín : analogue
afinar el oído : tendre l'oreille
aflamencado, a : qui a le genre « flamenco »
agorero : de mauvais augure
agradecer : être reconnaissant
aguantar : supporter
ahorro : épargne, économie
ajeno, a : d'autrui
ajuste de cuentas : règlement de comptes
al acecho : aux aguets

ala (el, pl. : las alas) : aile
alborotar : faire du vacarme
alcanzar : atteindre, obtenir
alcanzar : rejoindre, rattraper
alcoba : chambre
alegar : prétexter
alejar(se) : s'éloigner
alevoso, a : traître
algo de : un peu de
algo : quelque chose
alimaña : bête nuisible
alivio : soulagement
allá (más...) : au-delà
allá : là-bas
allí : là, y
alma (el) : âme
almohada : oreiller
alocado, a : insensé, e
alojar(se) : (s')héberger
alquilar : réserver, louer
alzar(se) : (se) lever
amamantar : allaiter
amanecer : se lever (le jour)
amargura : amertume, tristesse
amortiguado, a : amorti(e), étouffé(e)
ampliación : extension
anchas (a sus...) : à l'aise
anciano, a : vieux, vieille, vieillard
anhelante : impatient, e
añicos (hacer) : réduire en miettes
animar : remonter (quelqu'un) (fam.)
ánimo : esprit
ánimos : forces
animoso, a : courageux, se
añorante : nostalgique
antojarse : sembler, paraître
apagado, a : étouffé, e, sourd, e (bruit)
apartado de : à l'écart de
apenar : causer de la peine
apesadumbrado, a : affligé, e
apoyar : appuyer
apremio : urgence
apretar : serrer
apuntar (a) : viser
apurado, a : difficile
arenga : harangue
armas tomar (de...) : qui n'a pas froid aux yeux
arrancar a : se mettre à
arrastrar por (fig.) : traîner sur

arrastre (estar para el...) : ne plus valoir grand-chose
arrebujar(se) : s'envelopper
arriba (ladera...) : en montant le versant
arribas (las) : les hauteurs
arrimar : acculer, adosser
arrollar : enrouler
asar : rôtir
asegurar : assurer
asentir : acquiescer
así que : ainsi
asiento : siège
asistencia : présence
asomarse : se pencher, se montrer
asomo (ni por...) : nullement, en aucune manière
astilla : écharde
astuto, a : malin, maligne
asustadizo, a : craintif, ve
asustar : effrayer
atar : attacher
ataúd : cercueil
ateniense : athénien, ne
atestado, a : bourré, e, rempli, e
atrabiliario, a : atrabilaire
atracar : dévaliser
atracón : gavage, goinfrerie
atractivo : intérêt, attrait
atravesar : traverser
atreverse : oser
atropellado, a : renversé, e (par un camion)
aun... cuando + subj. imp. : même si
aún : encore
aun : même
avaricioso, a : pingre, avare
aventurado, a : hasardeux, se
avezado, a : habitué, e, expérimenté, e
avieso, a : retors
axioma (el) : axiome
ayuntamiento : mairie
azúcar : sucre

— B —

bacalao : morue séchée
bache (fig.) : mauvaise passe
baja (estar de...) : en congé de maladie
balance : bilan
baldosa : carreau, dalle
bandada : bande
bandeja : plateau
barbaridad : folie
barbilla : menton
barbita : barbichette
barnizado, a : verni, e
barrio : quartier
barro : boue

bastar a : suffire pour
beaterio : béguinage
berza : chou
bien... bien : soit... soit
birlar : voler
bizarro, a : brave, hardi, e
blanco (hacer...), (dar en el...) : réussir, faire mouche
blando, a : mou, molle
bombilla : ampoule
borracho, a : saoul, e
borrar : effacer
bosque : bois, forêt
botijo : gargoulette, cruche
brincar : bondir, sauter
broma : plaisanterie
bruces (de...) : sur le ventre
burbuja : bulle
burlón, a : moqueur, se
buscar : chercher

— C —

cabe (sólo) : il faut
cabello : cheveu
caber : avoir place, être contenu
cabizbajo, a : la tête basse
cabo (al... de) : au bout de
cabo (llevar a...) : mener à bien
cabra : chèvre
cabrito, chivo : chevreau
cachondo, a : rigolo, tte
cajón : tiroir
calado, a : peuplé, e, truffé, e
calar : enfoncer (un chapeau)
calendario : calendrier
callar(se) : (se) taire
calvo, a : chauve
calzada : chaussée
calzoncillos : caleçons
cámara : chambre
camarero : garçon de café
campando por sus fueros y respetos : n'en faire qu'à sa tête
campear : ressortir, apparaître
campiña : champs
caña (de cerveza) : un demi de bière
cana : cheveu blanc
cansado, a : fatigué, e
capa caída (estar de...) : courber l'échine
capaz : capable
carcajada : éclat de rire
carecer de : manquer de
carencia : manque, absence
carga : chargement
cargo charge
cariacontecido, a : penaud, e
caricia : caresse

caries : carie
cariño : amour, affection, tendresse
carretera : route
carrillo : joue
carro : char, charrette, chariot
carta : lettre
cartel : pancarte
cartero : facteur
casar(se) : (se) marier
casar : s'accorder
caserío : ferme, hameau
caso (hacer) : faire, prêter, attention
casquivano, a : écervelé, e
cegar : aveugler
cencerro : sonnaille, clarine
ceniza : cendre
centellear : scintiller
cerca : barrière
cercado, a : encerclé, e, assiégé, e
cereza : cerise
cerrar : fermer
certeza : assurance, sécurité
ciegamente : aveuglément
cinto : ceinture
cita : citation
clarividencia : clairvoyance
cobrar : acquérir
cobrar : se prendre de (sentiment)
cobrar : toucher, encaisser
cobre : cuivre
cochinada : saleté
cocinar : cuisiner
coda : coda, fin
codiciar : envier, jalouser
coincidir : se rencontrer
colar(se) : filtrer, se faufiler
colchón : matelas
colerín : cholérine
coletilla (fig.) : addition
colilla : mégot
colmillo : croc
colmo : comble
compás : rythme, mesure
comprobar : vérifier, constater
compromiso : engagement, obligation
concurrencia : public
condumio : mangeaille (fam.)
confabular : comploter
confitería : confiserie
conjetura : conjecture
conjunto (en...) : dans l'ensemble
conmocionado, a : ému, e
conocido (s) : connaissance, s, relation, s
conocimientos : connaissances, savoir
conspicuo, a : illustre
constar : apparaître
consumir : consommer
contemplaciones : égards, ménagements
contertulio (un) : habitué (un)

contigo : avec toi
contorno : voisinage
convocar (una oposición) : ouvrir (un concours)
cónyuge : conjoint, e
corazón : cœur
corbata : cravate
cordero : agneau
coro : chœur
corral : enclos
correa : lanière
corresponsal : correspondant
corriente (la) : courant
corteza : écorce
costumbre : coutume
cotilla : commère, cancanière
cotillear : cancaner, potiner
crecer : croître, grandir
creer : croire
crepitar (el) : le crépitement
cristiano : homme, personne
crítico : (un) critique
cruce : croisement, carrefour
crujir : grincer
cuaderno : cahier
cuadrilla : bande
cualquiera : quiconque
cubil : tanière, gîte
cubrir : recouvrir
cuenta (a... de) : pour le compte de
cuenta (por mi... y riesgo) : à mes risques et périls
cuestas (a...) : sur le dos
cuidadoso, a : soigneux, se ; soucieux, se
cuidarse de : faire attention à
culpa : faute
culto, a : savant, e
cumplido (por) : par politesse
cumplir : respecter (promesse)
cursi : de mauvais goût, guindé
curso : cours

— CH —

chalina : écharpe
chapurreado : baragouiné
charla : conférence, causerie
chato : « mon chou »
chaval : gamin
chivo : bouc
chorrillo : filet (de liquide)
chulada : grossièreté
chulería : bravade, grâce piquante
chupar : sucer

— D —

daño : mal
debajo (por ... de) : dessous (au ... de)
dedal : dé
dedicado, a : dirigé, e à
dedicar(se) : se consacrer
dedicatoria (la) : dedicace
dejar : laisser
dejar de : cesser de
delantero : de devant
demorarse en : tarder à
denunciar : remarquer
derretir(se) : fondre
derrotado, a : battu, e, mis, e en déroute
derrumbar : abattre
desafiante : provocant, e
desaforadamente : exagérément
desagradecido, a : ingrat, e
desaire : camouflet, affront
desaliento : découragement
desaparecer : disparaître
desarrollado, a : présenté, e, développé, e
desarrollar : exposer
desasnar : dégrossir, déniaiser
desayuno : petit déjeuner
descaro : insolence
descompasadamente : démesurément
desconcertarse : se troubler
desconfiado, a : méfiant, e
desconocido, a : inconnu, e
desconsiderado, a : sans égards
desde : depuis (temps)
desde : depuis, de (provenance)
desdén : mépris
desdeñoso, a : méprisant, e
desenlace : dénouement
desenmascarar : démasquer
desenvuelto, a : désinvolte
desflecado, a : effrangé, e
desgranar : égrener
desmandarse : faire bande à part
desmayo : défaillance
desocupación : oisiveté
desoír : faire la sourde oreille
despacho : bureau
despectivo, a : méprisant, e
despedirse de : prendre congé de
despejado, a : à l'aise
despertar(se) : se réveiller
despido : renvoi
despierto : en éveil, sur le qui-vive
desprender : détacher
despreocupación : insouciance
desprevenido, a (coger...) : au dépourvu
(prendre...)
desprevenido : à l'improviste
después de : après
destacado, a : détaché, e ; remarquable

destacar(se) : (se) détacher
destaparse : se découvrir, se révéler
destino : emploi fixe
desvalido, a : déshérité, e
desvalijar : dévaliser
desvelado, a : sans sommeil, éveillé, e
desvelar(se) : (se) réveiller, tenir éveillé
detención : arrêt
detener(se) : (s')arrêter
devuelto, a : rendu, e à, renvoyé, e à
dichoso, a : maudit, e
dignarse : daigner
director : metteur en scène
disculpar(se) : (s')excuser
disfrutar : profiter de
disparar : tirer, faire feu
disparo : coup de feu
dominio : pouvoir, autorité
dormitorio : chambre
dudar en : douter de
dueño : maître
dulce : sucré, e
desaprovechar : gâcher, gaspiller

— E —

echar a + inf. : se mettre à + inf.
echar de menos : regretter
echar en cara : reprocher
echar mano a : taper dans (fam.)
edad : âge
ejército : armée
eliseo : élyséen
embestida : attaque, assaut
emborrachar(se) : (s')enivrer, tourner la tête
emisora : station émettrice
emocionante : émouvant, e
empezar : commencer
empinado : en pente
empollar : bûcher, potasser (fam.)
emprenderla con uno : se prendre à quelqu'un
emprender : entreprendre
empresa : entreprise
empujar : pousser
empujones (a...) : de force, sans égard
en entredicho (estar...) : être en question
enarbolar : brandir
encajar : replacer
encaminarse : prendre le chemin
encandilar : éblouir
encierro : siège, encerclement
encima (por ... de) : par-dessus, au-dessus de
enfado : courroux
engañoso, a : trompeur, se
enojo : colère

186

ensalzar : surélever
entender : comprendre
entenebrecer : obscurcir
enterarse de : apprendre (une nouvelle)
entonces : alors
entornar (los ojos) : entr'ouvrir, fermer à
moitié
entretener(se) : (s')amuser,(se) divertir
entrevista : entrevue
equivocar(se) : (se) tromper
erguido, a : droit, e, redressé, e
escapar : échapper
escarbar : fouiller
escaso, a : peu abondant, e, limité, e,
faible
escenario : scène (théâtre)
esclarecer : tirer au clair
escondidas (a...) : en cachette
escondrijo : cache, cachette
espabilado : dégourdi, éveillé
espalda (a la...) : sur mes talons
espaldarazo : claque dans le dos
espaldas (a ... de) : à l'insu de
espaldas (de...) : de dos
espantada : dérobade
espantar : effrayer
especialista (masc., fem.) : spécialiste
especie : race
espejo : modèle
espiar : espionner, épier
esponja : éponge
espuma : mousse
esquila : sonnaille
esquina : coin, angle
estampa : image, figure
estirar : étendre, allonger
estrado : estrade
estremecimiento : tremblement
estrella : étoile
estreno : première (théâtre)
estrépito : vacarme
estribación : contrefort
estruendoso, a : bruyant, e
estudioso : chercheur, spécialiste
etiolado, a : faible
exánime : inanimé, e
éxito : succès
expectación : attente
expectativa : attente
expensas (a ... de) : aux dépens de
expuesto, a : dangereux, se
extraer : sortir
extrañar(se) : surprendre (se)
extraviar(se) : (se) perdre

— F —

fachada : façade
facineroso : brigand
facundia : verve
falda : jupe
fallar : échouer
fallo : faute, erreur
falsear : falsifier
falta (la) : le manque
fama : réputation
fastidioso, a : ennuyeux, se
fauces (las) : gueule
féretro : cercueil
festejos : festivités
fiero, a : cruel, le
figura : silhouette
fila : rang
fin (al ... y al cabo) : en fin de compte
fin (en...) : enfin, bref
firma : signature
flácido, a : flasque, mou, molle
flanquear : flanquer
flema (fém.) : flegme (le)
flequillo : frange
flexo : flexible (lampe)
fluir (el) : le flux
fontanero : plombier
foro : scène (théâtre)
fracaso : échec
franquear : ouvrir
fregona : plongeuse, souillon
fruto (el) : fruit, bénéfice
fuente : fontaine
fuera : à bas
fugaz : fugitif, ve
fulminado, a : terrassé, e, foudroyé, e
fuste : bras (d'une lampe)

— G —

gafas : lunettes
gala (hacer ... de) : faire étalage de
gallardo, a : valeureux, se ; qui a de la
prestance
garabatear : griffonner
garduña : fouine
garganta : gorge
gaviota : mouette
gemir : gémir
gesto : grimace, moue
gozar de : profiter de, jouir de
gracias (dar las...) : remercier
grado (de buen...) : de bon gré
grito (a ... pelado) : à tue-tête
guarida : repaire
guarro : cochon

187

guía (el...) : guide, chef
gusto (de...) : de plaisir

— H —

hachón : torche, flambeau
hacia : vers
hada (el, las hadas) : fée
hados : esprits
hallar(se) : (se) trouver
halo : halo
harto (estar...) : être las
harto (tener...) : lasser
hasta : jusqu'à
hato : troupeau
heces (apurar el caliz hasta las...) : boire le calice jusqu'à la lie
hecho y derecho : accompli, fait
heno : foin
hiato : hiatus
hijo de vecino : n'importe qui
hijo : enfant
hilera : rangée
hilvanar : enchaîner
hinchar : enfler
hogar : foyer
hollín : suie
¡hombre! : bah!
hombro : dos, épaule
hondo, a : profond, e
honrado, a : honnête
hormiga : fourmi
hosco, a : renfrogné, e, rébarbatif, ve
huella : trace, empreinte
huir : fuir
humeante : fumant, e
hundir(se) : s'enfoncer, se perdre, plonger
hurgar : remuer
hurón : furet
husmeador, a : fouinard, e, fureteur, se

— I —

ileso, a : indemne
imprescindible : indispensable
impulsar : pousser
incitante (masc. fem.) : provocateur, trice
incluso : même (adv.)
inconcluso, a : inachevé, e
incorporarse : s'asseoir, se redresser, se mettre sur son séant
índole : nature, caractère
infancia : enfance
influyente : influent, e
ingenio : ingéniosité, génie
ingravidez : apesanteur, légèreté
ingreso : recette, rentrée

inmutarse : perdre contenance
insensato, a : irréfléchi, e
insurecto, a : rebelle, insurgé, e
intelección : compréhension
intentar : essayer
inusitado, a : inhabituel, le
investigar : enquêter sur
invierno : hiver
ira : colère

— J —

jaque (poner en...) : mettre en échec
jirón : lambeau
jubilación : retraite
jugársela a alguien : jouer un mauvais coup à quelqu'un
julio : juillet
junto a : près de
justillo : corsage sans manches

— L —

labio (el) : lèvre
labrador : paysan, laboureur
ladera : flanc, versant
ladrar : aboyer
lapicillo : petit crayon
largo, a : long, ue
latir (el) : le ronronnement (des moteurs)
latir : battre (cœur)
leal : loyal, fidèle
lechazo : agneau de lait
leche (la) : le lait
legajo : liasse
legua : lieue
lejía : eau de Javel
lema (el) : devise
lenguas (hacerse...) : ne pas tarir d'éloges
letra : paroles (musique)
librarse : s'en tirer, échapper
límite (al) : au maximum
límite (el) : (la) limite
lobo : loup
lóbrego : obscur, triste
loco, a : fou, folle
lograr : réussir à
logro : trouvaille, réussite
lombriz : solitaire (ver)
lucidez : lucidité
lúcido, a : élégante
lugarteniente : adjoint
luto (de...) : en deuil
luz (la..., las luces) : lumière

— LL —

llama : flamme
llamar (por teléfono) : téléphoner
llano : plaine
llegar a : parvenir
llegar : arriver
llenar : remplir
lluvia pluie

— M —

macho : mâle
madrugada : petit matin, aube
magnitud : ampleur
malparado, a : en piteux état
malvas (criar...) : manger les pissenlits par la racine
mañana (muy de...) : très tôt
mancha : tache
manchar : tacher
mandamás : grand manitou
mandar : diriger, commander
mando (el) : le commandement
manso, a : domestique, paisible
marchar(se) : s'en aller
margen (al...) : en marge
marmolista : marbrier
masacre (la) : le massacre
matar : tuer
matrimonio : mariage
matutino : du matin
medianoche : minuit
medio : demi
melena : cheveux longs
memoria (de...) : par cœur
memorias : mémoires
menesteres : occupations
menos (venir a...) : déchoir
menosprecio : mépris
mente (la) : esprit
mentira (es...) : c'est faux
meritoria (subst.) : stagiaire
mero, a : simple, pur, e
meter el diente : donner un coup de dent
mezcla : mélange
miedo (tener... a) : avoir peur de
mientras : tandis que
mirada : regard
milagro (de...) : (par) miracle
moco tendido (a) : à chaudes larmes
moldear : modeler
molestia : dérangement
mollera : cervelle
monta (de poca...) : sans importance
montaraz : sauvage
montón : tas
moral (la) : (la) morale

morir (p. passé, muerto) : mourir
morro : museau
mover : bouger, animer
mozalbete : jeune garçon
mudo, a : muet, te
muesca : encoche
muestrario : échantillonnage
murria (fam.) : cafard
mutis (el.) : sortie de la scène (théâtre)

— N —

nacer : naître
natural : originaire
necedad : bêtise
negarse a : se refuser à
negociado : service, bureau
nevar : neiger
niebla : brouillard
nieve : neige
niño : enfant
nítido, a : net, te, clair, e
noche (de) : (le) soir, la nuit
noche (por la...) : la nuit
nube (la) : nuage
nunca : jamais

— O —

oblea (fam.) : plat comme une limande
obsesionado, a : obsédé, e
ocio : oisiveté
ocurrírsele algo a alguien : avoir l'idée
ofrecimiento : offre
oído (al...) : à l'oreille
oídos de mercader : sourde oreille
oír : entendre
ojeras : cernes
olvidar(se) (de) : oublier de
oquedad : creux, vide
oración : oraison
oratoria (la) : éloquence
orden (la) : ordre
órdenes (dar...) : donner des ordres
oscurecer : obscurcir
ostra : huître
oveja : brebis
oyente : auditeur

— P —

pactar : pactiser, faire un pacte
pajar : pailler
palo : bâton
papanatas (el) : gobe-mouches, nigaud
papel : rôle (théâtre)

par (abierto de ... en...) : grand ouvert
par (un ... de) : quelques
paradoja (la) : paradoxe
parafernalia : attirail
páramo : désert
pardo, a : brun, e, sombre
parecido, a : semblable
paro : arrêt
parsimonia : mesure
parte (el) : bulletin (de guerre)
partida : armée, bande
pasada (la) : tour, blague
paseo (dar un...) : se promener
paseo : promenade
paso (abrirse) : se frayer un passage
paso (al ... de) : au passage, sur le passage
de
pateo : trépignement
patíbulo : échafaud
patraña (la) (fam.) : mensonge
patriotero, a : chauviniste
patrocinar : patronner
pe a pa (de...) : de A jusqu'à Z
pegarse a : se coller à
peluquería : salon de coiffure
peña : rocher
penas (a duras...) : à grand-peine
peor : tant pis
percatarse : se rendre compte
peregrino, a : pèlerin, e, voyageur, se
permanecer : rester
perseguir : poursuivre
pertenecer : appartenir
petición : demande
pícaro, a : fripon, ne, vaurien, ne
pico (y...) : et quelques, et des poussières
piedra : pierre
pierna : jambe
pisar : marcher sur
piso : étage
planta baja : rez-de-chaussée
poder : pouvoir
polvo (el) : poussière (la)
ponerse (el sol) : se coucher (le soleil)
por tanto : c'est pourquoi
poseedor, a : détenteur, trice
postre (a la...) : à la fin
postrero, a : dernier, ère
pradera : prairie, champ
precio : prix, valeur
precisar de : avoir besoin de
preguntar : demander (question)
premiar : récompenser
presencia de ánimo : présence d'esprit
presumir de : se vanter de
presumir : supposer
primavera : printemps
prisa (de) : vite
pro (de) : de bien, honnête

proceder : conduite
procurar + inf. : essayer de
pronto : rapidement
prudencial : raisonnable
pulcro, a : propre, soigné, e
pulsera (reloj de...) : bracelet-montre
puntapié : coup de pied
puntería : adresse, précision
punzante : lancinant

— Q —

quedar en : convenir de
quedar : rester
quedarse : s'arrêter
quedo, a : calme, tranquille
quemado, a : brûlé, e
querube, querubín : chérubin
quieto, a : tranquille
quitar : enlever

— R —

rabo : queue
rampa : rampe (théâtre)
ras (a ... de) : au ras de
rasilla : brique creuse
raya : trait
rebaño : troupeau (de moutons)
rebeldía : rébellion
rebote : ricochet
recapacitar : remémorer, réfléchir
rechazar : refuser
recogida : ramassage
recordar : se souvenir de
recorrer : parcourir
recriado, a : élevé, e
recto, a : droit, e, honnête
recuerdo : souvenir
recurrir : recourir
recurso : moyen
redonda (a la) : à la ronde
redondilla : ronde (écriture)
refilón (de) : en passant
reflejo : réflexe
regañadientes (a) : en rechignant
regate (el) : feinte
regocijante : réjouissant, e
relámpago : éclair
rellenar : remplir
reloj : montre, réveil
relucir : ressortir
rematar : parachever
remolonear : lambiner
remoto, a : lointain, e
rendición : reddition
rendimiento : rendement

reñir : gronder, disputer
renta : revenu
reparar en : remarquer
repliegue : recoin
reponer (salud) : remettre (santé)
requerir : demander
resbaladero : terrain glissant
resollar : respirer
respecto a : quant à, au sujet de
restar : enlever
restringido, a : réduit, e
resuelto, a a : décidé à
retaguardia : arrière-garde
retazo : fragment, morceau
retirada : retraite, sortie
retozar : gambader, batifoler
retozón, a : folâtre
retroceder : reculer
rezagado, a (ir, quedar...) : (rester) à la
    traîne
rincón : coin
ripio (no perder...) : avoir l'oreille à tout
risa : rire
rizos : boucles
robar : voler
rocalla : rocaille
rodeos : détours
rodete : chignon
roído, a : rongé, e
rompe y rasga (mujer de...) : qui n'a pas
    froid aux yeux
romper : briser
rosario : chapelet
roto, a : brisé, e
rotundamente : catégoriquement
rubio, a : blond, e
rueda : roue
rumiar : ruminer

— S —

sábana : drap
sabio, a : sage, savant, e
sacudir : agiter
salir + adj. : s'avérer, être...
salpicado, a : saupoudré, e
saludar : dire bonjour, saluer
salvación : salut
saneado, a : sain, e, honnête
sangre (la) : le sang
santo y seña : mot de passe
sartén : poêle
sazón : maturité
sed (la) : soif
seguir : suivre
seguir + ger. : continuer à
según : selon, d'après
semblante (el) : visage

sentado, a : assis, e
servir para : servir à
sesgado, a : tranquille
sestear : faire la sieste
siempre : toujours
sierra : montagne, chaîne de montagnes
siervo : serf
sigilo (con) : discrètement
sigilosamente : discrètement
sin embargo : cependant
sobado, a : rebattu, e
sobra (de...) : trop
sobra (saber de...) : savoir parfaitement
sobrecogido, a : surpris, e
sobresaltado, a : en émoi
solio : trône
soltar : lâcher, détacher
soñar : rêver
sospechar : soupçonner
sublevado, a : révolté, e
suceso : incident, fait
sucio, a : sale
sudor (el) : sueur
suelo : sol
sueño : sommeil
sumario : instruction judiciaire
sumidero : égout
supuesto (por) : bien entendu
susurro : murmure
suyo : ne s'intéresser qu'à soi

— T —

tabique (el) : cloison
tablas : les planches (théâtre)
tal (con ... de + inf.) : à condition de,
    pourvu que
talante (el) : humeur
también : aussi
tampoco : non plus
tarambana : écervelé, e
tardanza : retard
tarde en tarde (de...) : de temps en temps
tarima : estrade
tarjeta : carte
tarumba : fou, folle
tazón : bol
techo : toit, plafond
tecla : touche (piano)
telón : rideau (théâtre)
temblar : trembler
temporada : période, séjour
tender : étendre
tenso, a : tendu, e
tentarse la ropa : se tâter, réfléchir mûre-
    ment
tercero (un) : un tiers, une tierce personne
testimonio : témoignage

tez (la) : teint
tibieza : tiédeur, douceur
tinieblas : ténèbres
tira : bande
tirantez : tension
tirar de... : traîner, tirer
tiro : coup de feu, balle
tirón (de un...) : d'une traite
tocadiscos : tourne-disque
tocarle a alguien : être le tour de quelqu'un
todavía : encore
tonto, a : bête, idiot, e
topada : coup de tête, de corne
toparse con : tomber sur
tosco, a : grossier, ère
tostar : hâler, bronzer (soleil)
traer : apporter
trago : gorgée
traicionar : trahir
traje : costume, robe
tramposo, a : menteur, se
tras : après
trastornado, a : dérangé, e ; fou, folle
tratar de : essayer de
trato : fréquentation, relation
trato : traitement, façons
través (a ... de) : à travers
trepar : grimper
tributo : tribut
trivial : banal, e
trizas (hacer...) : réduire en miettes
tropezar contra : trébucher sur
Tucídides : Thucydide
tumbado, a : allongé, e
túmulo : catafalque
turbio, a : trouble

— V —

vacilar en : douter, hésiter à
vacío, a : vide
vagar : errer
valor : courage
vehículo : moyen de transmission
veintitantos : une vingtaine
velada : soirée, veillée
velado, a : voilé, e
velar por : veiller à
velar : veiller, ne pas dormir
velatorio : qui veille
venir con cuentos : raconter des histoires
ventana : fenêtre
vera (a la ... de) : à côté de
veraneo : vacances d'été
verdad (la...) : à vrai dire
verdad (ser) : être vrai
¿verdad? : n'est-ce-pas ?
verdoso, a : verdâtre
vergonzante : honteux
verter : verser, renverser
vespertino, a : vespéral, e
vestido : robe
vestir : porter un vêtement
viajero : voyageur
vigilia : veille
visitar : rendre visite à
vivienda : logement
vocear : crier
volar : voler
volver : revenir, tourner
vuelta (a ... de correo) : par retour du
  courrier

— U —

uña (la) : ongle, griffe
uva (la) : raisin

— Y —

ya...no : ne...plus
ya : enfin, déjà

Composition réalisée par COMPOFAC - PARIS

IMPRIMÉ EN FRANCE PAR BRODARD ET TAUPIN
Usine de La Flèche (Sarthe).
LIBRAIRIE GÉNÉRALE FRANÇAISE - 6, rue Pierre-Sarrazin - 75006 Paris.

ISBN : 2 - 253 - 05201 - 9   ⊕ 30/8625/3